大学受験 名人の授業

宮崎の
今すぐ書ける英作文

自由英作文編

東進ハイスクール
講師 宮崎 尊

Illustration TabiTaro

●授業のはじめに－p.3　●本書の使い方－p.5

この基本パターンを覚えれば
自由英作文は恐いものナシ！

PART-1 ——————— p.9

覚えてしまおう
「ものの言い方」5パターン
5 Patterns of Composition

1. **Argument +, because ...** ／理由を述べる
2. **Different / ... More ... than ...**
   ／相違点・優劣を論じる
3. **From Both Sides** ／両面から考える
4. **Suppose ...** ／仮定する
5. **First, Second ...** ／列挙する

自由英作文のコツ, 教えます。
「今すぐ書ける英作文」講義を
完全収録！

PART-2 ——————— p.21

講義編 LIVE

第1講	State Your Opinion / 20～30 words	p.23
第2講	State Your Opinion / 40～80 words	p.43
第3講	State Your Opinion / around 100 words and over	p.75
第4講	Imagine !	p.105
第5講	Describe it !	p.123
第6講	Get Things Done !	p.139

COLUMN
● 「まねる・盗む」の効用 —— p.42
● 「いやでもやる」の効用 —— p.122

CONTENTS

もっと表現力をつける
頻出構文, トピック別単語,
答案例がここにある！

PART-3 ——————— p.153

使える！
構文・フレーズ集／トピック別
Basic Sentence Structures

1. AはBだ
2. 並べる
3. 意見・感想を述べる
4. ～を見ると～がわかる
5. 例を挙げる
6. 理由を述べる
7. 違いを説明する
8. 因果関係を述べる
9. 比較する
10. find / make / let

Topics

1. 環境・エネルギー
2. 教育・学校・青少年
3. 健康・食品
4. 日本社会
5. 科学技術
6. 医療
7. 政治・経済
8. 職業・労働
9. 大学・学問
10. 国際関係

授業のはじめに

まずは、英語の「ものの言い方」を知ることから

外国語でものを言ったり書いたりするとよく間違えますね。文法や構文を間違えます。主語が単数なのに動詞に -s を付けないとか，raise と rise を取り違えたり，early enough と書くべきところを enough early と書いたり。こういったことは1つ1つ直して，覚えていくしかないでしょうね。

母語に引きずられる

これとは別に，発想法に起因する間違いもあります。これは日本人に限らないのですが，外国語でしゃべったり書いたりするとき，母語に引きずられて間違えるのです。例えば「あなたはどう思いますか？」と聞こうとして

　　How do you think?

と言ってしまう。「どう」に引きずられて how が出てくるのです。正しくは

　　What do you think?

ですね。考える「方法」を尋ねているのではなく「内容」を尋ねているのですから。

広島と言えばオタフクソース？

発想の問題はある主題についてのものの述べ方にも表れてきます。例えば広島出身の学生に「広島市を紹介しなさい。」と言うと「広島と言えば広島カープとお好み焼き，お好み焼きと言えば何と言ってもオタフクソース。」というようなことになりがちなんですが，これは日本人同士ならいいんです。広島がどこにあって，原爆を含めてどのような歴史をたどってきたか，ある程度予備知識を持っていますから，そこを省いてオタフクソースの話をしても。しかし，広島をほとんど知らない人に英語で紹介しなさい，という場合にはこれではまずい。やはり「広島市は日本の西部にある人口百万を超える大都市で…」から始めなければならないと思うんです。

授業のはじめに

10年近く，大学と予備校で英語のライティングを教えていて感じるんですが，こうした「ものの言い方」を訓練していない人が多いですね。大学もそれをよくわかっているから，自由英作文を課すことによって「他者に対して意見を言う／ものを説明する」ための考え方のベースができているかどうかを試そうとするのです。

ですから，この本では，日本語のこのフレーズは英語の何に当たるかといった，語句の問題ばかりでなく「考えを述べるための枠組み」「相手に理解できるようなロジック」「英語への発想の転換」ということを重視したいと思います。こうした訓練は残念ながら中学・高校でも，予備校でも，あまり意識的になされていないようです。だからこそ，やったもの勝ちなんです。柔らかい頭でリラックスして読んでください。しかし，大切なことは覚えてください。読み終える頃にはあなたの英語ライティングは質的に変化しているはずです。それが入試だけでなく，大学へ，そしてその先へとつながることを望んでいます。

・・・・・・・

この本の制作には東進ブックスの吉澤早織さん，英文校閲でCathy Sekiさん，肥後淳子さんのご協力を頂きました。またTakiTaroさんの大量のイラストのおかげで，まるで絵本のようなテキストブックができあがりました。皆さんに感謝します。

宮崎　尊

本書の使い方

本書は，合格点が取れる「自由英作文」の書き方を1冊でマスターできるようになっています。PART-1からPART-3の3部構成で，英文の組立て方と，英語の発想による書き方のコツを丁寧に解説しています。

PART-1 覚えてしまおう「ものの言い方」5パターン

きれいな英文はまず枠組みから

意見を述べる際のフレームワークのパターンです。
英作文のほぼすべてはこの基本5パターンに当てはまります。

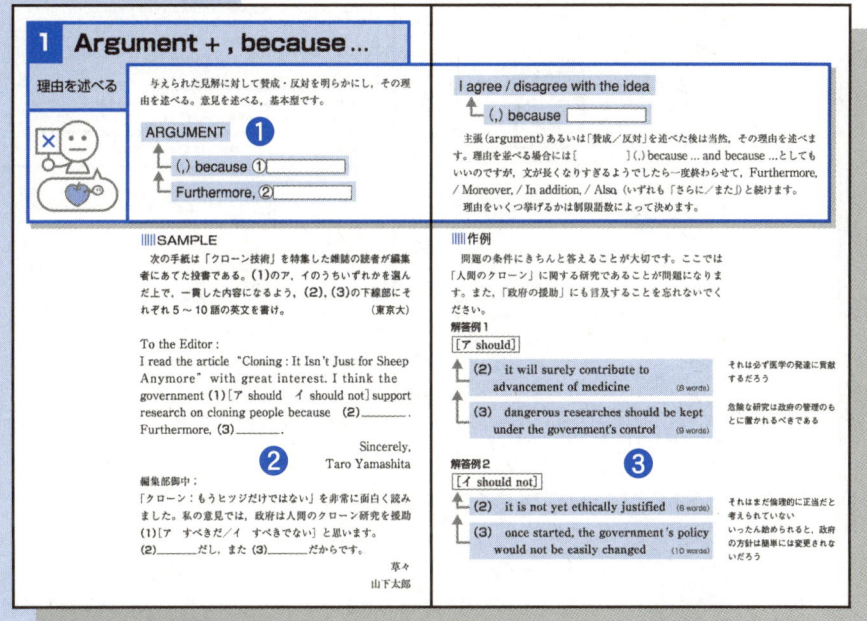

❶ パターン
それぞれのパターンを図で表したものです。これから書こうとする英文がどういうものになるか，イメージしてください。

❷ SAMPLE
上図のパターンを利用した典型的な問題。型に沿って自分でも英文を書いてみてください。

❸ 作例
SAMPLEの解答例です。パターンの図と照らし合わせて，書く手順を覚えてください。解答例で使われている表現も覚えて利用しよう。

PART-2 講義編

筋の通った易しい英語で

「今すぐ書ける英作文」講義の始まりです！筋道の通ったことを易しい英語で書く。これができれば合格点は必ず取れます。20語から始め100語を超える英作文，図や絵を英語で説明する問題など，いろいろな出題形式に慣れよう。

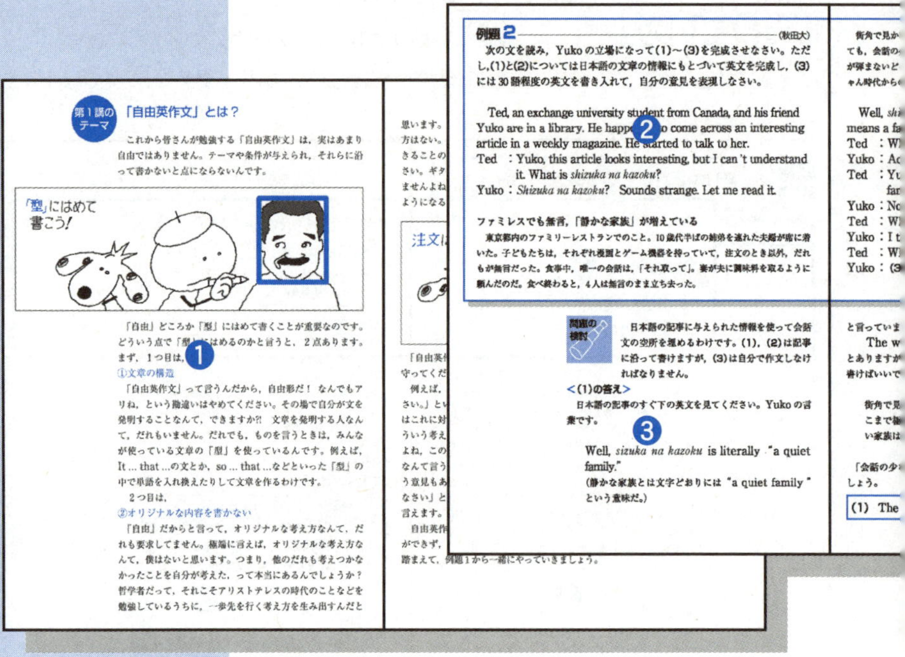

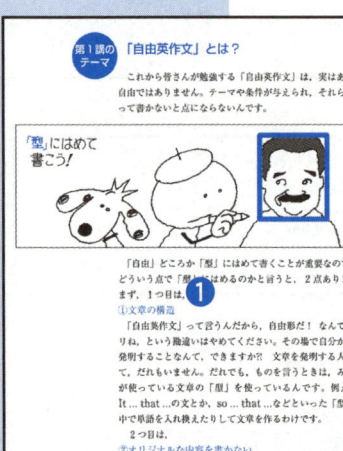

❶ テーマ
授業の前に宮崎先生からアドバイス。テーマに対する注意点を読んで理解してから，例題へ進みましょう。

❷ 例題
国立大2次試験や難関私大の自由英作文の問題を厳選しました。問題のトピックは頻出のものばかり。

❸ 問題の検討
上の例題へのアプローチ方法を解説します。トピックに対する考え方やどんなパターンで書き始めるといいか，が理解できます。

点が取れる宮崎式論述のコツを完全解説

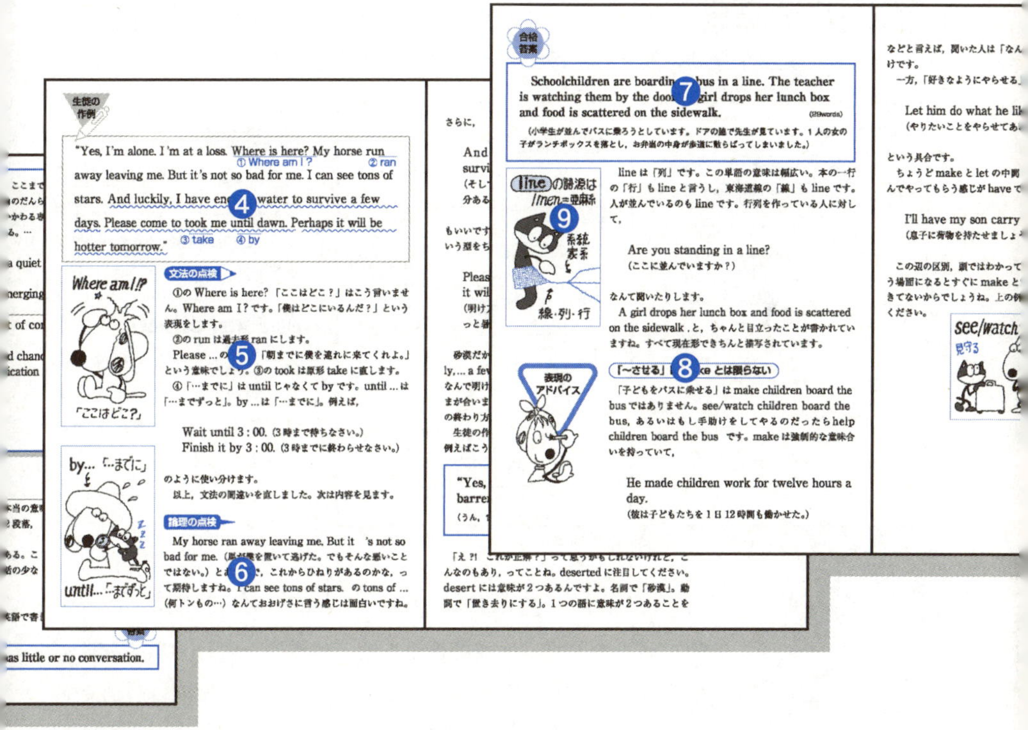

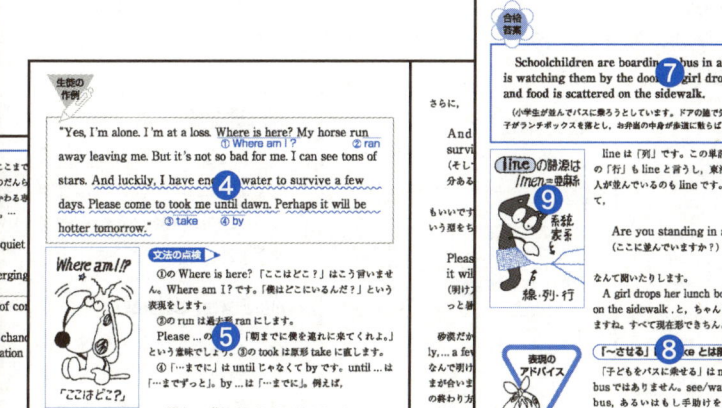

❹ 生徒の作例
実際の生徒が書いた英作文です。青い文字は文法の間違いを添削しています。

❺ 文法の点検
文法の間違いをどう直すかを解説します。添削と照らし合わせながら進めましょう。

❻ 論理の点検
作例が論理的に筋が通っているか，点検します。趣旨の一貫した英文を書くコツを学びます。

❼ 合格答案
合格点をクリアする答案です。シンプルで易しい英語で書かれています。ここにある英語表現はぜひ，自分のものにしよう。

❽ 表現のアドバイス
英作文で使える文の型や表現を紹介します。しっかり覚えて，自分で書くときにどんどん使いましょう。

❾ イラスト
重要ポイントをマンガ化。マンガを見れば先生の言うポイントがよくわかる！

PART-3 使える！構文・フレーズ集

よくわかる！構文のしくみを視覚で理解

自由英作文で使える重要構文やフレーズをマスターしましょう。構文・フレーズの「型」を覚えれば，後は単語を置き換えるだけでいつも正しい文が書けます。

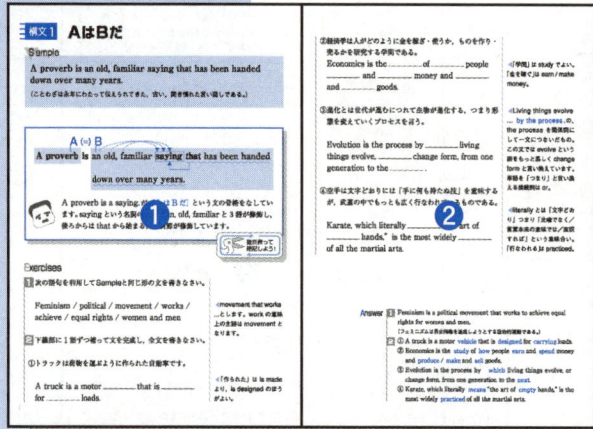

❶ 構文集
構文の文法的な要素を図で解説。「型」をビジュアルに理解できます。理解できたら例文を数回言って暗記しよう！

❷ Exercises
穴埋め問題を通して構文を確認。問題の横のヒントを参考にしてください。書いて書いて覚えてしまおう。

トピック別

便利！単語と文のサンプル集

頻出のトピック別に重要単語と答案例を収録。単語を覚えれば，これって英語で何と言うの？という疑問は解消です。答案例の語句や「ものの言い方」を積極的に盗んでください！

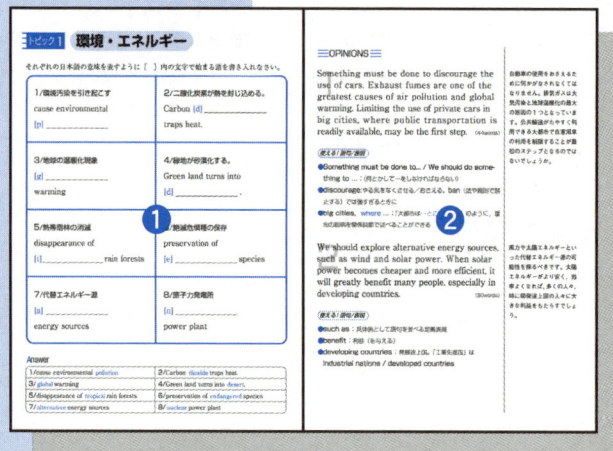

❶ トピック別
トピック別に重要な単語をまとめました。何度も書いて覚えてしまいましょう。

❷ Opinions
トピックに関する答案例です。できるだけ易しい英語を紹介しました。まねしてください。

PART-1

この基本パターンを覚えれば自由英作文は恐いものナシ！

5 Patterns of Composition

覚えてしまおう ―――――
「ものの言い方」5パターン

---

1. Argument + because ... ／理由を述べる ――――― p.10
2. Different / ... More ... than ... ／相違点・優劣を論じる ―― p.12
3. From Both Sides ／両面から考える ――――― p.14
4. Suppose ... ／仮定する ――――― p.16
5. First, Second ... ／列挙する ――――― p.18

PART-1　5 Patterns of Composition

1　Argument + , because ...

理由を述べる

与えられた見解に対して賛成・反対を明らかにし，その理由を述べる。意見を述べる，基本型です。

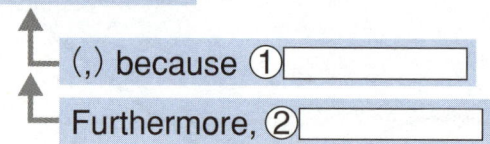

||||SAMPLE

次の手紙は「クローン技術」を特集した雑誌の読者が編集者にあてた投書である。(1)のア，イのうちいずれかを選んだ上で，一貫した内容になるよう，(2), (3)の下線部にそれぞれ5〜10語の英文を書け。　　　　　　　　（東京大）

To the Editor:
I read the article "Cloning: It Isn't Just for Sheep Anymore" with great interest. I think the government (1)[ア should　イ should not] support research on cloning people because (2)＿＿＿＿.
Furthermore, (3)＿＿＿＿.

　　　　　　　　　　　　　　　　　　Sincerely,
　　　　　　　　　　　　　　　　　Taro Yamashita

編集部御中：
「クローン：もうヒツジだけではない」を非常に面白く読みました。私の意見では，政府は人間のクローン研究を援助(1)[ア　すべきだ／イ　すべきでない]と思います。
(2)＿＿＿＿だし，また (3)＿＿＿＿だからです。

　　　　　　　　　　　　　　　　　　　　草々
　　　　　　　　　　　　　　　　　　山下太郎

1. Argument +, because ...

I agree / disagree with the idea
　↳　(,) because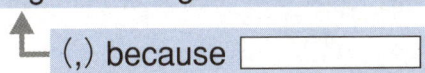

　主張（argument）あるいは「賛成／反対」を述べた後は当然，その理由を述べます。理由を並べる場合には [　　　]（,) because ... and because ...としてもいいのですが，文が長くなりすぎるようでしたら一度終わらせて，Furthermore, / Moreover, / In addition, / Also, (いずれも「さらに／また」）と続けます。
　理由をいくつ挙げるかは制限語数によって決めます。

⦀⦀作例

　問題の条件にきちんと答えることが大切です。ここでは「人間のクローン」に関する研究であることが問題になります。また，「政府の援助」にも言及することを忘れないでください。

解答例1
［ア should］

(2) it will surely contribute to advancement of medicine　(8 words)
　　それは必ず医学の発達に貢献するだろう

(3) dangerous researches should be kept under the government's control　(9 words)
　　危険な研究は政府の管理のもとに置かれるべきである

解答例2
［イ should not］

(2) it is not yet ethically justified　(6 words)
　　それはまだ倫理的に正当だと考えられていない

(3) once started, the government's policy would not be easily changed　(10 words)
　　いったん始められると，政府の方針は簡単には変更されないだろう

PART-1　5 Patterns of Composition

2　Different / ... More ... than ...

相違点・優劣を論じる

2つのものの相違点・優劣を論じる型。
基本は，

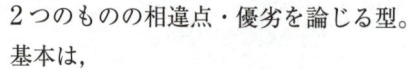　is different from 　　 in ＿＿＿

です。「君と僕は年齢が違う。」なら，

You are different from me in age.

のように「何が違うか」は in ... で表します。
「僕は君と違ってまともな判断ができる」のように「何が違うか」が主語＋述語となる場合は，

I am different from you in that I am capable of sound judgement.

のように in の後は that 節となります。
さらに詳しく説明するには，

▍SAMPLE

次の文章は，死に対して人間の抱く恐怖が動物の場合とどのように異なると論じているか。50〜60語程度の英語で述べよ。　　　　　　　　　　　　　　　（東京大）

　死の恐怖を知るのは人間だけであると考えられる。もちろん，動物も死を避けようとする。ライオンに追いかけられるシマウマは，殺されて食べられるのを恐れて必死で逃げる。
　しかし，これと人間の死の恐怖は異なる。動物は目の前に迫った死の恐怖を恐れるだけだが，人間は，遠い先のことであろうが，いつの日か自分が必ず死ぬと考えただけで怖い。人間は，自分の持ち時間が永遠でないことを恐れるのである。

2. Different / ... More ... than ...

▭ is different from ◯ in ___

> ▭ is ...
> on the other hand,
> ◯ is ...

のように，例えば on the other hand, (一方／それに対して) を使い，両者の対比を述べます。

ただ「違う」だけでなく「優れている」とするのなら，

▭ is better than / superior to ◯ in ___

とします。

　もちろん，<u>older than ...</u>（…より年上だ）<u>more talented than ...</u>（…より才能がある）といった一般の比較の文は，-er / more ...の部分で「何が」より…なのかを表しますから，in ...の部分は不要になります。

‖‖‖ 作例

[Humans] differ from (animals) in <u>that they fear the thought of death</u>.

(Animals), too, try to avoid death, but what they really fear is immediate threats.
On the other hand,
[humans] are terrified just to think of their own death that will come some day. They are terrified when they realize that they are not immortal. (56words)

人間は，動物と違って死のことを考えることを恐れる。動物も死を避けようとするが，動物が本当に恐れるのは身近に迫った脅威である。それに対し，人間は，いつか来るであろう自らの死を考えただけで怖い。人間は自分が不死身でないことを認識したときに恐怖心を抱くのだ。

PART-1 5 Patterns of Composition

3 From Both Sides

両面から考える

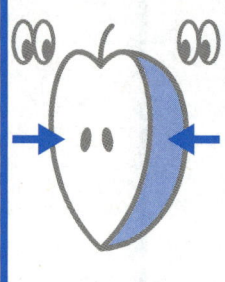

　どんなことにも良い面・悪い面の2つがある。同じコインの裏表（different sides of the same coin）を考えて答えるもの。
　100パーセント善悪のはっきりしていることは，そもそも論ずる必要がありません。論ずるということは多かれ少なかれ，メリット／デメリットの比較検討になります。だから多くの文で It is true that ..., but 〜 / Certainly ..., but 〜（確かに…ではあるけれど〜）や On the other hand, ...（一方／その反面…）といった展開が見られるのです。

||||SAMPLE

　次の会話文を読み，話がつながるように空所(1)〜(3)を英語で埋めよ。(2), (3)については，それぞれ10〜20語程度とすること。　　　　　　　　　　（東京大）

A : Say, what do you think was the greatest invention or discovery of the twentieth century?
B : That's a hard question, because there were so many of them. But if I had to name only one, it would be **(1)**＿＿＿＿＿.
A : Why?
B : Because **(2)**＿＿＿＿＿.
A : It may sound strange, but I take the opposite view. I think that was the worst because **(3)**＿＿＿＿＿.
A : ねえ，20世紀最大の発見・発明は何だと思う？
B : たくさんあるから，難しい質問だけれど，どうして

3. From Both Sides

Yes / advantage / positive
↓
IDEA / FACT
↑
No / disadvantage / negative

「確かに良い面もたくさんあるけれど，悪い面がある」のように，一応，反対意見の一部を認めた上で，自分の意見を言う際，It is true ..., but ～とか Certainly, ..., but ～/ Of course, ..., but ～などという形で発言します。これも物事を両面から見た上で，片方にウエートを置く論法です。

　　も1つ挙げるということなら，やはり
　　(1)＿＿＿＿＿＿だろうね。
A：なぜ？
B：(2)＿＿＿＿＿＿だから。
A：妙に聞こえるかもしれないけれど，僕は反対の立場だね。それこそ最悪なものだと思う。なぜなら
　　(3)＿＿＿＿＿＿だから。

|||| 作例

(2) it has made us aware of what is going on in the world and helped advance democracy
(17words)

それは，私たちに，世の中で何が起きているかを知らせてくれ，民主主義の発展に役立った

↑
(1) the television
↓

(3) we have come to think more passively and uniformly than before owing to television
(14words)

われわれはテレビのせいで，以前よりもっと受動的，均一的な思考をするようになった

PART-1　5 Patterns of Composition

4　Suppose ...

仮定する

「もしも〜だとすれば」という条件に合わせて想像して書きます。仮定の話ですから，仮定法の would, could などが必要となるケースもあるでしょう。

この種の作文では一般的（general）なことをあいまいに書くのではなく具体的（specific）に書くことを心がけてください。

「現実は〜だ」←「こうなったらいいな」のように，自分の願望の土台となる現実をきちんと書くことが必要になることも多いでしょう。

||||SAMPLE

　A大学では，カリキュラムの一環として，ボランティア活動への参加を取り入れている。あなたがA大学に入学して，何らかのボランティア活動を行うとすれば，どのような活動に参加したいか，それはなぜかを40〜50語程度の英語で述べよ。文の数に制限はない（内容よりも作文能力を問う問題であることに注意せよ）。　　　　　　　　（東京大）

4. Suppose ...

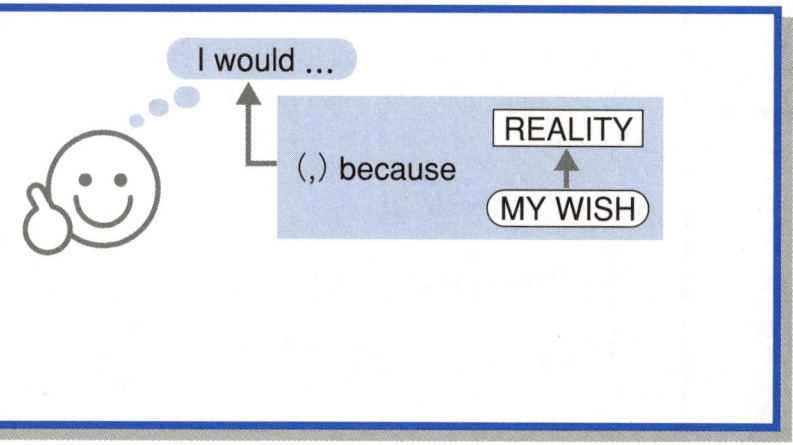

 作例

I would like to work as an assistant to a junior high school teacher.

私は中学校の先生のアシスタントとして働きたいと思う。

There have been so many bullying and violent incidents and teachers are so busy and tired that many classes are not functioning. What teachers need is physical help,

これまでいじめや暴力行為が多く，先生たちは忙しくて疲れているので，多くのクラスはうまく機能していない。先生たちに必要なのは物理的な協力だ。

and I believe I can offer some.　　(49 words)

私にはそれが提供できると思う。

PART-1　5 Patterns of Composition

5　First, Second...

列挙する

箇条書き・列挙型。例や理由を列挙するテクニックですから「1. Argument ＋, because ...」から「4. Suppose ...」のすべてのパターンに共通するものです。

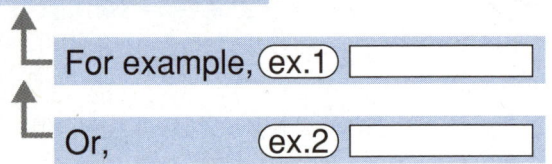

筆者の考え（idea），読者に伝えたいこと（message）の要点を短く述べた後で具体例を列挙します。

idea/message を簡潔に述べると抽象的になりがちです。だから具体的な説明が必要になります。

⦀SAMPLE

次の英文において，前後がつながるようにするには下線部にどのような英文を入れればよいか。話の流れを考えて，適切な英文を，10～15語程度で書け。　　　　　（東京大）

5. First, Second ...

> ... three reasons
>
> First of all, ① ☐
>
> Second, ② ☐
>
> Third / Finally, ③ ☐
>
> 　3つ以上の項目を並べて箇条書きにする場合は，わかりやすくするために番号を付けます．仮に4つ並べるなら，① First. / First of all. ② Second. / Secondly. ③ Third. / Thirdly ④ Finally（最後に）とします．このパターンは語数の調整も簡単です．例えば制限語数が30～40語なら理由を2つ挙げるが，40～50語なら1つ増やして3つにする，という具合です．

　Why do John and I prefer to live close to the center of the city, in spite of the noise and the other difficulties of living there? There are two reasons. First, living in the middle of the city puts us close to things we want. For example, there are department stores and movie theaters within walking distance of our house. ＿＿＿＿. If we lived in the suburbs, it could take hours to go to and from work. Thanks to the location of our home, however, both of us spend less than twenty minutes going to the office.

　ジョンと私はなぜ，騒音など生活上の難点があるにもかかわらず街の真ん中に住むことを選ぶのか．それには2つ理由があります．まず第一に，町中に住んでいればほしい物がすぐ手に入ります．例えばデパートも映画館も家から歩いて行けます．＿＿＿＿．もしも郊外に住んでいたら仕事の往復に何時間もかかるかもしれません．しかし住んでいる場所のおかげで，私たちは2人とも会社まで20分もかからずに行けるのです．

19

PART-1　5 Patterns of Composition　　　　　5. First, Second ...

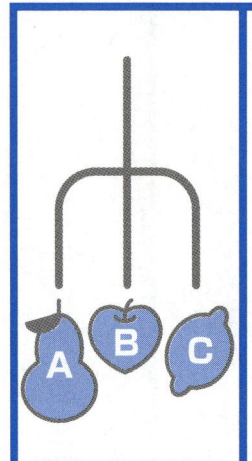

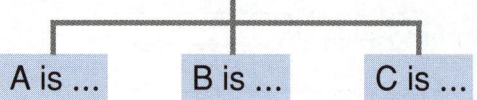

... falls into three categories: A, B and C

A is ...　　B is ...　　C is ...

　上のような category（分類）を示す文も箇条書きと似ています。始めに「〜は A, B, C の 3 つのカテゴリーに分類できます。」として「A は〜。B は〜。」のようにそれぞれを説明します。

⦀⦀作例

　There are two reasons. と文中にあるのに、1 つ目の理由しか書かれていません。よって空欄に入れるべき内容は 2 つ目の理由です。その内容は後に書かれている具体的説明から推測します。

reason #1

> First, living in the middle of the city puts us close to things we want.

For example, ...

reason #2

> Second, it doesn't take us a long time to commute.
> 　　　　　　　　　　　　　　　(10 words)

←If we lived in the suburbs, it could take hours to go to and from work. Thanks to the location ...

PART-2

自由英作文のコツ，教えます。「今すぐ書ける英作文」講義を完全収録！

講義編

PART-2

- 第1講 **State Your Opinion / 20〜30 words** ─── p.23
  - 例題1　早稲田大・法 ─── p.26
  - 例題2　秋田大 ─── p.30
  - 例題3　横浜国立大 ─── p.38
- 第2講 **State Your Opinion / 40〜80 words** ─── p.43
  - 例題1　東京大 ─── p.48
  - 例題2　慶應大・経済 ─── p.56
  - 例題3　滋賀大 ─── p.65
- 第3講 **State Your Opinion / around 100 words and over** ─── p.75
  - 例題1　一橋大 ─── p.78
  - 例題2　順天堂大・医 ─── p.83
  - 例題3　東京外国語大 ─── p.94
- 第4講 **Imagine！** ─── p.105
  - 例題1　中央大・商 ─── p.108
  - 例題2　広島大 ─── p.113
- 第5講 **Describe it！** ─── p.123
  - 例題1　早稲田大・法 ─── p.126
  - 例題2　青山学院大・文 ─── p.132
- 第6講 **Get Things Done！** ─── p.139
  - 例題1　山口大 ─── p.142
  - 例題2　神戸市外語大 ─── p.147
- **COLUMN**
  - ●「まねる・盗む」の効用 ─── p.42
  - ●「いやでもやる」の効用 ─── p.122

第1講
State Your Opinion
20〜30 words

出題者を感心させる解答を書こうなどと意識する必要はありません。型に沿って自分が書ける易しい英語を書けばいいんです。まずは、20〜30語程度から慣れていきましょう。

PART-2 <第1講>

「自由英作文」とは？

　これから皆さんが勉強する「自由英作文」は，実はあまり自由ではありません。テーマや条件が与えられ，それらに沿って書かないと点にならないんです。

　「自由」どころか「型」にはめて書くことが重要なのです。どういう点で「型」にはめるのかと言うと，2点あります。まず，1つ目は，
①文章の構造
　「自由英作文」って言うんだから，自由形だ！ なんでもアリね，という勘違いはやめてください。その場で自分が文を発明することなんて，できますか?! 文章を発明する人なんて，だれもいません。だれでも，ものを言うときは，みんなが使っている文章の「型」を使っているんです。例えば，It ... that ...の文とか，so ... that ...などといった「型」の中で単語を入れ換えたりして文章を作るわけです。
　2つ目は，
②オリジナルな内容を書かない
　「自由」だからと言って，オリジナルな考え方なんて，だれも要求してません。極端に言えば，オリジナルな考え方なんて，僕はないと思います。つまり，他のだれも考えつかなかったことを自分が考えた，って本当にあるんでしょうか？ 哲学者だって，それこそアリストテレスの時代のことなどを勉強しているうちに，一歩先を行く考え方を生み出すんだと

State Your Opinion / **20〜30** words

思います。新しい概念は連続の中にあり，オリジナルな考え方はない。このことを認めてほしい。普通の人がちゃんとできることの上にオリジナルがのっかっている，と考えてください。ギターだって，基本のコードをおさえられないと弾けませんよね。基礎ができてから，オリジナルの何かができるようになるということです。

「自由英作文」の答え方には「規定」があります。それを守ってください。

　例えば，「賛成か，反対か，あなたの意見を聞かせてください。」という問題はよく出ます。これについて，「多くの人はこれに対して賛成と言うかもしれないけれども，確かにそういう考え方もありますよね。でも，反対意見の人もいますよね，この人たちはこういう考え方を持っているんですよ。」なんて言うのは賛成か反対かを聞かれているのに，「こういう意見もありますよね」と解説をしているんです。「解説しなさい」とは要求されていない。注文に答えていない解答と言えます。これではバツです。

　自由英作文の訓練をしていない人は，「当たり前」のことができず，規則破りを平気でします。これらの大事なことを踏まえて，例題1から一緒にやっていきましょう。

PART-2 ＜第1講＞

例題 1
(早稲田大・法)

　現在，日本の多くの高等学校では，生徒が携帯電話を持って来ることを禁止しています。これについてあなたの考えを，以下に，与えられた書き出しに続けて，英語で書きなさい。その際，以下のFORかAGAINSTのいずれかを〇で囲みなさい。

　I am FOR / AGAINST* high schools prohibiting students from carrying cell phones because _____ .
*いずれかを〇で囲みなさい。

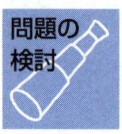
問題の検討

　まずは問題から与えられている英文を確認しよう。

　　I am FOR / AGAINST high schools prohibiting students from carrying cell phones because ...
　（私は，生徒が携帯電話を持ってくることを学校が禁止していることに，賛成／反対です。というのは…）

　high schools prohibiting を見てください。動名詞 prohibiting の前の名詞 high schools は意味上の主語ですから「学校が禁止すること」という意味ですね。
　これに続くように英文を書くのですが，注意したいのは首尾一貫した内容で書くことです。意見を1つ決めたら，ずーっと最後まで押し通すことです。つまり，「こういう意見があります。それはわかりますけど，私は…」なんて，短い文の中で他の人の意見を書いたりしてはいけません。

 **＜賛成の立場で＞**

> I am <u>for</u> high schools prohibiting students from carrying cell phones because many students don't turn off the cell phones and even answer calls during classes. This bothers teachers and other students.
>
> (32words)
>
> （私は学校が携帯電話の持ち込みを禁止することに賛成です。多くの生徒が授業中に電話を切らずに，通話までしてしまうからです。それは先生や他の生徒たちに迷惑です。）

賛成の意見は比較的書きやすいと思います。

turn off は「消す」ですね。反対は turn on。turn off the cell phone で「携帯電話の電源を切る」です。

and even answer calls during classes を見てください。even は「さらに，なんと」というニュアンスを出せます。訳は「なんと授業の間ですら電話に出る」。小技のきいた英語になりました。最後の文,

This bothers teachers and other students.
（それは先生や他の生徒たちに迷惑です。）

bother は「迷惑をかける」です。同じ意味で annoy や trouble という単語がありますが，とりあえず bother は便利な単語ですよ。例えばうるさい人を制するときは,

Don't bother me.（うるさいことをしないでよ。）

また,「じゃまをするつもりはないけど…」という気持ちで人にものを依頼するときは,

I don't want to bother you, but would you ...?
（あなたのおじゃまをするつもりはないけど，…していただけますか？）

PART-2 <第1講>

●反対の立場で

　この問題で反対の立場で書くことは、難しいと思います。でも、こんなロジックは応用しやすいかな。

　アメリカでは銃で死ぬ人が年間約1万人を超えるそうです。とんでもない数字ですね。それでも銃は禁止されていません。なぜでしょう？「悪いのは人間だ！　銃じゃない！」という議論が強いからです。

　日本で交通事故で死亡する人は年間約8千人です。ここで「車を全面禁止だ！」なんて言い出したら、「悪いのはドライバーだ！　車じゃない！」って反対されますよね。

　要するに「悪いのは人。道具ではない。」という論理です。もちろん銃と車とでは道具の目的が違うのだけど、筋は同じです。では、実際に合格答案を見てみましょう。

 <反対の立場で>

> I am <u>against</u> high schools prohibiting students from carrying cell phones because there is nothing wrong in making phone calls. The problem is not with the cell phone, but with the user. It's not right to ban the use of cell phones just because some users have bad manners. (49words)
>
> （私は学校が携帯電話の持ち込みを禁止することに反対です。というのは電話をすることに悪いことはないからです。問題は携帯電話にはありません。利用者にあります。利用者の一部のマナーが悪いという理由だけで携帯電話を禁止するのはよくないと思います。）

　語数がはるかにオーバーしてますが、それはともかくとして、there is nothing wrong in making phone calls は「電話をすること自体、悪いことではない。」ということですね。同じ意味で

　　What's wrong with making phone calls?

とも書けますね。

State Your Opinion / **20〜30** words

It's not right to ban the use of cell phones just because some users have bad manners.は「一部の人間がダメだからって全体を禁止するのはよくない。」と言っています。just because...は「ただ，それだけの理由で」という意味合いですね。「行儀，マナー」と言いたいときは manners と複数形-s を付け忘れないように。単数形 manner は「方法」で way と同じ意味です。

manner を使った表現を挙げると，

You have no manners.（行儀が悪いね。）
table manners（テーブルマナー）
manners and customs（風俗と習慣）

この反対の立場の解答は「問題なのは携帯電話ではなく，使う人だ」→「一部の人間が悪いからって，全体を罰するのはよくない」と，意見を首尾一貫させて言えています。また，1人がダメならば他のみんなが罰せられていいのか，という個人主義と集団主義の問題は，他にも応用可能だと思います。

頻出のテーマは書き方のパターンを覚えてしまおう

携帯電話に関する問題は頻出です。こういう頻出テーマは書き方のパターンを覚えてしまいましょう。問題のテーマが自分にとって初めてのものだと，解答に時間がかかりますね。そういうことはできるだけ避けたいものです。本番では覚えておいたことをなぞる感じで書けたら，一番楽ですからね。

また，自分自身について問われる問題もあります。どう答えるべきか考えておいてください。例えば「将来，何になりたいか」のような質問にはすぐに答えられるようにしておこう，ということです。頻出テーマは PART-3 トピック別 p.174 〜 にまとめてあります。ぜひ，読んで参考にしてください。

PART-2 ＜第1講＞

例題 2 ────────────────────── (秋田大)

次の文を読み，Yuko の立場になって(1)～(3)を完成させなさい。ただし，(1)と(2)については日本語の文章の情報にもとづいて英文を完成し，(3)には30語程度の英文を書き入れて，自分の意見を表現しなさい。

Ted, an exchange university student from Canada, and his friend Yuko are in a library. He happened to come across an interesting article in a weekly magazine. He started to talk to her.

Ted ：Yuko, this article looks interesting, but I can't understand it. What is *shizuka na kazoku*?

Yuko：*Shizuka na kazoku*?　Sounds strange. Let me read it.

ファミレスでも無言，「静かな家族」が増えている

　東京都内のファミリーレストランでのこと。10歳代半ばの姉弟を連れた夫婦が席に着いた。子どもたちは，それぞれ漫画とゲーム機器を持っていて，注文のとき以外，だれもが無言だった。食事中，唯一の会話は，「それ取って」。妻が夫に調味料を取るように頼んだのだ。食べ終わると，4人は無言のまま立ち去った。

問題の検討

　日本語の記事に与えられた情報を使って会話文の空所を埋めるわけです。(1)，(2)は記事に沿って書けますが，(3)は自分で作文しなければなりません。

＜(1)の答え＞

　日本語の記事のすぐ下の英文を見てください。Yuko の言葉です。

　　Well, *sizuka na kazoku* is literally "a quiet family."
　　（静かな家族とは文字どおりには"a quiet family"という意味だ。）

State Your Opinion / **20〜30** words

> 街角で見かける「静かな家族」の典型例である。ここまで極端なケースはまれだとしても，会話の少ない家族は確かに増えている。折角のだんらんの場だというのに，会話が弾まないどころか，黙り込んでいる。子どもにかかわる専門家が指摘するのは，赤ちゃん時代からの親子のコミュニケーション不足である。…
>
> Well, *shizuka na kazoku* is literally "a quiet family." The writer means a family (1)＿＿＿＿＿＿ .
> Ted ：Why are such quiet families emerging in Japan?
> Yuko ：According to experts, (2) ＿＿＿＿＿＿ .
> Ted ：Yuko, have you ever thought of communication in a family?
> Yuko ：Not particularly, but it is a good chance to think about it.
> Ted ：What do you think of communication in a family?
> Yuko ：I think it is important.
> Ted ：Why do you think so?
> Yuko ：(3) ＿＿＿＿＿＿ .

と言っています。その次の

　　The writer means a family (1)＿＿＿＿＿＿ .

とありますが，この(1)には「静かな家族」の本当の意味を書けばいいでしょう。それは日本語の記事の第2段落，

> 街角で見かける「静かな家族」の典型例である。ここまで極端なケースはまれだとしても，会話の少ない家族は確かに増えている。

「会話の少ない家族」が適当ですね。これを英語で書きましょう。

(1)　The writer means a family **that has little or no conversation**.

PART-2 ＜第1講＞

no conversation では言いすぎでしょうね。会話が「全くない」ということはないでしょう。

だから，little or no conversation にしました。

＜(2)の答え＞

Ted ： Why are such quiet families emerging in Japan?
Yuko： According to experts, (2) ＿＿＿＿＿＿＿＿．

次は(2)です。p.31の7行目で Ted が，Why are such quiet families emerging in Japan?（なぜこういう静かな家族が出てくるんだろう？）と言っています。emerge は水面にグーっと浮かび上がってくるような語です。すると Yuko が，According to experts,（専門家によると）と話し始めますね。(2)に入る言葉を記事から探してください。

記事の第2段落3行目，「子どもにかかわる専門家が指摘するのは，」とあります。この続きが答えですね。「赤ちゃん時代からの親子のコミュニケーション不足である」を英語で書けばいい。

なるべく易しい英語で書いてください。「子どもと親とのコミュニケーションがない」という形で書いてみましょう。children を主語にして，

合格答案

(2) children have very little communication with their parents from the time they are babies

人間を主語にして，「人が…をする」という型にしました。一番作りやすい型の文です。

State Your Opinion / 20〜30 words

● 「…不足」はどう書くの？

「…不足」を very little … と表しましたが，皆さんは lack（不足）という単語，知っているでしょう？ lack は「ない」，「少ない」のどちらを言うときでも使えます。使い方の例を挙げると，

    lack of money（お金不足）
    lack of time（時間不足）
    lack of effort（努力不足）
    because of my lack of experience
  （私の経験不足のせいで）

動詞としては，

    You lack experience.
  （君には経験が欠けている。）

のように使います。もちろん，もっと易しく

    You don't have enough experience.

とも言えます。

＜(3)の答え＞

Ted ：What do you think of communication in a family?
Yuko：I think it is important.
Ted ：Why do you think so?
Yuko：**(3)** _____.

これは，答えるのに困りませんか？ なぜ，家族のコミュニケーションが大切か，なんて聞かれても，正直「そんなこ

と，当たり前だろう！」と言いたくなるでしょう。

虫だって動物だってコミュニケーションをしているんです。なのに，同じ屋根の下に暮らしている人間の間にコミュニケーションが全くないとは，考えられない。しかし，試験場では「当たり前すぎて，答えが書けない」というわけにはいきません。もっともらしい筋を考えましょう。

● コミュニケーションと communication は同じじゃない！

日本語のコミュニケーションと英語の communication は同じではありません。

日本語の「コミュニケーション」には「気持ちの触れ合い・相互理解」といったニュアンスがあるのに対し，英語の communication は伝達や通信まで含めたより広い意味で使います。

だから，問題文はむしろ「conversation（会話）が大切だ」として筋を作ったほうがわかりやすいと思います。

例えば，

「子どもは親から言語を覚える」
　　　↓
「親子の会話がなければ，子どもの言語は発達しない」

というように考えます。

では，合格答案を見てください。

State Your Opinion / **20〜30** words

合格答案

> Children learn language mainly from their parents and gradually learn to express their feelings. If there's no conversation in the family, they have no chance to develop the skill to express themselves. (32words)
>
> （子どもたちは言葉を主に親から学び，次第に自分の感情を表現できるようになります。もし，家族のコミュニケーションがなければ，子どもは自分を表現する術を発展させる機会がなくなってしまいます。）

表現のアドバイス

ここでは英作文で使える文の型や表現を紹介します。積極的に覚えて表現力をつけましょう。

　〜は文字どおりには「…」ですが，実際は…という意味だ

p.31 の問題文にある Yuko の言葉（(1)の解答）に注目してください。

> Well, *shizuka na kazoku* is literally "a quiet family." The writer means a family that has little or no conversation.
> (*shizuka na kazoku* は文字どおりには「静かな家族」だ。記事は「会話の少ない家族」ということを意味しています。)

〜 is literally "..."（〜は文字どおりには「…」という意味です。）と It actually means to ...（実際は…という意味です。）というパターンを覚えましょう。「文字どおりには…だけど，実際の意味は…だよ。」と言いたいときに使う表現です。高度な表現ですが，使えると便利なので覚えてください。

では，実際に文章を作ってみましょうか。

PART-2 〈第1講〉

Ishi no ue nimo sannen (石の上にも三年) is literally "   ."

"   " に入る言葉は文字どおりに「石の上に三年いること」ですよね。だから,

Ishi no ue nimo sannen is literally "to be on the rock for three years."

です。
　しかし，このことわざの実際の意味は「石の上に三年座っていろ！」じゃありません。「すぐにあきらめず辛抱して努力をすれば，成功する」ですね。「辛抱する」は persevere という一語でも言えますが，もう少し易しい英語にするために「仕事を続ける」と内容をかみ砕いてもいいですね。
　では，It actually means to ... (実際には…という意味だ) という書き出しで，このことわざの実際の意味を説明すると，

It actually means to stay with the same job and succeed.
(実際の意味は，同じ仕事を続けて成功すること。)

ということになります。

State Your Opinion / 20〜30 words

> 「…がある」は There is ... 構文とは限らない

(2)の「親子の間でコミュニケーションが不足している」は There is little communication between parents and children. とすることもできます。しかし,「…がある／ない」は,なんでもかんでも There is ...構文というわけにはいかないんですよ。例を挙げてみましょうか。

例　白いポロシャツあります？
　　1. Is there a white polo shirt?
　　2. Do you have a white polo shirt?

お店で店員さんに聞くとき,どう言いますか？　1と2のどちらがネイティブにわかりやすい表現でしょうか。実は1のほうは店員さんに「えっ？」と思われるんです。Is there ...?と言うと,「…は存在しますか？」と聞こえるんですよ。すると,「世の中には白いシャツは存在しますよ！」って反応が返ってくる！　だから,2の表現のほうが自然です。
　例をもう1つ。英訳してください。
例　この家には窓がたくさんある。

　This house has many windows.

ですね。There are many windows in this house. と書くよりも自然な表現です。

PART-2 ＜第1講＞

例題 3 ―――――――――――――――――――（横浜国立大）

Some students have gone to a summer camp for two weeks. During the first week the girls get angry because the boys seldom help them do the cleaning up after meals. What should the girls do?

Answer the question in 20-30 words. Answer in English.

問題の検討

なかなか面白いテーマですね。しかし，社会全体や家庭での男女の役割分担の問題や平等の問題に行ってはダメですね。問題には What should the girls do? とあるから，それに具体的に答えなければいけません。わずか20〜30語ですから原則論から入る余裕はないでしょう。具体的に，抗議する (protest)，苦情を言う (complain)，リーダーに言いつける (tell the leader)，自分たちの分の仕事しかしない (only do their share of the work) などと書くことです。

問題文の質問にきちんと答える練習をしよう！

State Your Opinion / **20〜30** words

生徒の作例

> I think the boys are not fair. The boy's mother is responsible.
> ① The boys' mothers are
>
> She has done all the work for the boys. That's the reason
> ② They have   ③ why
>
> why they are not willing to share.
>   ④ the work

文法の点検

　まず目に付くのは，単数・複数がめちゃくちゃですね。
　①を The boys' mothers are responsible. とし，②を They have done all the work ... とすればとりあえずは解決します。
　それから③の文 That's the reason why they are not willing ... の the reason why ですが，That's the reason they are not willing ... または That's why they are not willing ... のようにどちらかにします。the reason と why は同義語ですから両方同時に使うことはほとんどありません。これは，

the reasonとwhyは同義語なので一方を省略.

the reason　why

　　This is how we wash our clothes.
　　This is the way we wash our clothes.
　　（これが私たちの，服の洗い方です。）

とは言うけれど，

　　This is the way how we wash our clothes.

と言わないのと同様です。
　この文の最後が share で終わってますが，目的語なしでは何を「分担する」のかわかりません。④のように share

PART-2 ＜第1講＞

the work とします。

　もう1つ，最初の文のI think the boys are not fair. は間違いではありませんが I don't think the boys are fair. のように think を否定するほうがより普通だと思います。
　さて，これで文法的には正しい文ができたのですが，問題は，おわかりですね。「私は男の子たちが公正ではないと思う。これは母親の責任で，これまで代わりに何でもしてやったからだ。だから男の子たちは仕事の分担をしない。」と自分の意見と分析ばかり。問題に答えていません。悪い英語ではないのですが，得点は低いでしょうね。下手すると0点かも。

合格答案

> The girls should tell the boys that this is not fair. If they won't listen, just let them prepare their own meals and clean up for themselves. (27words)
>
> （女の子は男の子に，これは公平でないと言うべきです。もし彼らが聞かなければ，自分の食事は自分で作らせ，後片付けも自分でさせなさい。）

　What should the girls do? だけに絞り込んで書きました。単純な設問には単純に答える。自分で問題を難しくしないことです。

表現のアドバイス

▸ **should を使うべし**

　助動詞 should はなかなか便利な単語で，うまく使うといろいろなことが表現できます。
①合格答案のように，人にアドバイスしたり，何かを勧めるとき

> You should tell them that this is not fair.
> （これはずるいと言ってやればいいんです。）
> You should have more.
> （もっと食べなさいよ。）

人に勧めるとき had better と言わないでください。命令調になります。だから「注意したほうがいいよ。」は,

 You had better be careful.（注意しろよ。）

でなく,

 You should be careful.
 （注意しなくちゃダメだよ。）

あるいは単に,

 Be careful.（注意して。）

と言います。

② 「当然〜だ」「本来〜はずだ」「〜の義務がある」と言うとき

 You should know better.
 （もっと知恵があってしかるべきだ。→バカなことしてるんじゃないよ。）
 They should arrive at noon.
 （正午には着くはずです。）
 You should pay taxes.（税金は払わなくちゃ。）

③ Should I ...? の形で「…しましょうか？」

 Should I put it here?
 （ここに置きましょうか？）

これは Shall I ...? と同じですが, どちらかと言うと Should I ...? と言うことのほうが多いようです。

COLUMN
「まねる・盗む」の効用

　むかし，アメリカのネブラスカ州というところに留学していたとき，隣町（と言っても車で1時間）の大学にいた日本人留学生中川浩一と知り合い，その後30年近く親友としてつき合っています。中川は今は『International Herald Tribune Asahi』という英字新聞の副編集長をしていますが，この間，僕が学生に作文を教えている話をすると，こんなことを言っていました。

　「僕の大学のcompositionの教授はいつも丸暗記をさせた。その場で1段落ぐらいの文を渡し，5分間で丸暗記してそれをノートに再現しろと言うんだ。要するに英文のパターンをむりやり覚えさせるんだ。後はそれをまねするだけで無限に書けるからね。」

　ジャーナリズム専攻の学生の，最初の訓練が丸暗記だったわけです。素晴らしい訓練だと思います。

　僕も自分の大学でライティングの授業はかなり取っていて，アメリカ人学生に混じって苦労しましたが，一度だけクリエイティブ・ライティングのクラスでA^+をもらったことがあります。短編小説を書け，と言われて，ある日本人作家の物語の枠組みをそのまま拝借して，中身だけ入れ替えて書いたのです。盗作じみたまねではありましたが，枠組みだけはしっかりしていたから評価がよかったのでしょう。

　僕は中川と違って翻訳の方向に行ったのですが，翻訳は最終製品である日本語が命です。だから名人の日本語をずいぶんまねて・盗んでやってきました。

第2講

State Your Opinion
40 〜 80 words

> 自分で筋を作ってしまえばいいんです.

ハナスジ（話の筋）をピシッと通そう

第2講はグラフや地図が資料として与えられている問題に挑戦します。こういうタイプの問題を見ると，問題文や資料ばかりを深読みしがちです。コツは自分で筋を作って筋の通った文を書くこと。この講で筋の作り方をしっかりと学習しましょう。

PART-2 ＜第2講＞

第2講のテーマ　自分で筋を作ろう

●筋を1つ決める

　ちょっと次の問題を見てください。慶應大学経済学部の問題の一部抜粋です。

　次頁の地図はアフリカの架空の国 Malambia のものです。同国は人口（population）2,500万人，農業（farming）に依存する貧しい国で，年間一人あたり国内総生産（GDP per capita）は US＄500 にすぎません。海外との交易の拠点は首都（capital city）の Wangare のみです。現在，同国では，開発プロジェクトの選択肢として2つの計画案（Project A, Project B）を検討しています。両案の内容は資料1，2に示したとおりです。それぞれに長所短所があり，どちらの案も採用可能です。

問題：地図と資料をもとに，貴方がどちらの案を支持するか，また，なぜその案がもう一方の案よりも Malambia の発展に寄与すると思うかを英文で説明しなさい。

注意事項：1．長さは自由ですが，50語以上であること。
　　　　　2．使用語数を解答用紙の指定された箇所に右づめで必ず記入しなさい。
　　　　　3．箇条書きではなく，接続詞や副詞を使って一貫性のある（coherent）文章にまとめなさい。
　　　　　4．すべての資料を使う必要はありません。また，資料だけでなく，上記 Malambia の概要や一般知識をまじえて論じてもかまいません。

資料1

PROJECT A：*National Park at Jumbi*

Estimated cost（予想経費）：＄20 million
Estimated annual income
（予想年間収入）：＄1 million
必要なもの
Roads to, and inside the park（公園内とそこに至る道路）
Hotels for tourists（旅行者用ホテル）
Training for park staff（公園スタッフの訓練）
潜在する問題点
Resettlement of local farmers（当該地域の農民の強制移住）
Poaching (ivory, etc.)（象牙等の密漁）

資料2

PROJECT B：*Copper Mine*（銅鉱山）*at Urza*

Estimated cost：＄400 million
Estimated annual income to 2050
（2050年頃までの予想年収）：＄40 million
必要なもの
Railway and road to the mine（鉱業場までの鉄道と道路）
Housing for overseas engineering staff（外国からの技術スタッフ用住宅）
潜在する問題点
Pollution（汚染）
Foreign control（外国企業による支配）
Rapid depletion of copper reserves（銅資源の枯渇）

　問題は，アフリカの架空の国マランビアの経済を活性化させるのに観光業がいいか，あるいは鉱山開発がいいか，というもの。

State Your Opinion / **40〜80** words

REPUBLIC OF MALAMBIA

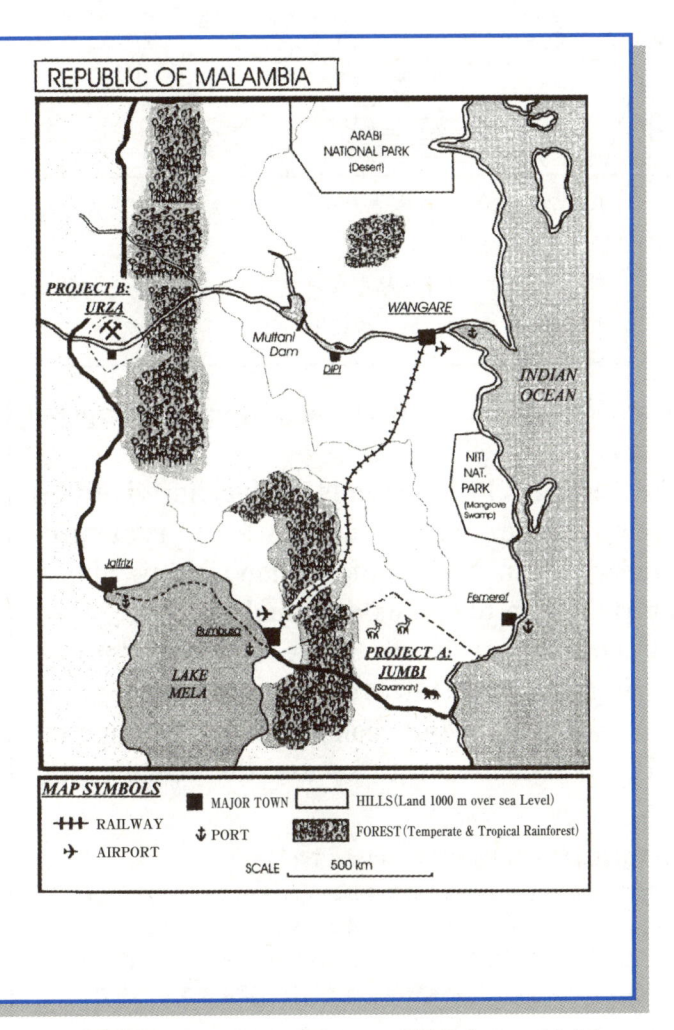

- PROJECT B: URZA
- ARABI NATIONAL PARK (Desert)
- Muttani Dam
- DiPi
- WANGARE
- INDIAN OCEAN
- NITI NAT. PARK (Mangrove Swamp)
- Jaifrizi
- Bumbua
- Femeref
- PROJECT A: JUMBI (Savannah)
- LAKE MELA

MAP SYMBOLS
- ╫╫╫ RAILWAY
- ✈ AIRPORT
- ■ MAJOR TOWN
- ⚓ PORT
- ▓ HILLS (Land 1000 m over sea Level)
- ▓ FOREST (Temperate & Tropical Rainforest)
- SCALE 500 km

データの量は相当のものです。この問題には 15 分くらいしか使えないのに本気でデータを分析していたらそれだけで 15 分以上かかってしまう。その反面，書くべき英文の量は

PART-2 ＜第2講＞

わずか70～80語程度ですから，分析結果のほとんどは捨てるしかありません。
　で，結論です。自分で筋を作ってしまうのです。その筋に合わせてデータを1つか2つ利用すればいいのです。例えば，

合格答案

　I would support PROJECT B, because you cannot expect much from tourism.
　The success of PROJECT A depends on foreign visitors, but after the September 11 incident, the travel and sightseeing industry is in bad shape. I don't think many people will visit Malambia to see wild animals.
　PROJECT B would cost much more and take much longer until it brings money. However, copper is always in demand no matter what state the economy is in. We should decide on PROJECT B in order to secure the economy of Malambia.
(90words)

（私はB案を支持します。観光にあまり期待できないからです。
　A案が成功するか否かは外国人観光客に左右されますが，9.11の事件の後，旅行・観光業界は低迷しています。野生動物を見にマランビアを訪れる人が多いとは思えません。
　B案は収益が上がるまでコストも時間もかかりますが，経済状態にかかわらず銅の需要がなくなることはありません。マランビアの経済を安定させるにはB案に決定すべきです。）

　データから①観光か銅山かの選択とわかる。銅山を選ぶ
理由：9.11の事件以後の観光業の低迷。比較の材料として

State Your Opinion / **40〜80** words

②銅山のほうが投資は大きく，利益が上がるまで時間がかかる，を採用。

　要するに①②の２つの材料しか使っていないのですが，それでもこれだけの語数になってしまいました。

● **英語で話すときのことをイメージして**
　例題に入る前にもう一言。僕が講義の中で「単語が思い浮かばないならば，他の言い方はないか，と常に考えてほしい。」と主張するのは，皆さんの近い将来のことを思って言っているんです。2, 3年後になれば，皆さんの中には留学する人もいることでしょう。英語で相手と会話するときに，「この単語，思い出せない！」なんてことは，よくあることと思います。そういうとき，相手を目の前に電子辞書をピッ，ピッと鳴らして単語を探していると，話が中断してつまらないでしょう。だから "Well, well, ..." (「えーっと，えーっと…」) と言いながら他の言い方はないか，と考えるんですよ。そして易しい言葉で相手に伝える。

　試験場でも同じようなことが起こります。今から自分の知っている単語を使って，易しく言おうとする癖をつけてください。

PART-2 ＜第2講＞

例題 1 ──────────────────────────── (東京大)

次の英語で示された見解に対して，賛成・反対いずれかの意見を英語で述べよ。賛成の場合はI agree with this idea.で，反対の場合はI disagree with this idea.で書き出し，その語句を含めて40～50語程度にまとめること。文はいくつに分けてもよい。

Young people in Japan should have the right to vote in elections from the age of eighteen.

問題の検討

テーマに対して賛成か反対かを40語～50語で答える問題。賛成の場合はI agree with this idea. 反対ならばI disagree with this idea. と書き始めてください。

テーマの英文のelectionは「選挙」。electはselect（選ぶ）と兄弟のような単語です。人を選ぶときはelectを使います。voteは「票」「投票する」という意味で，right to voteは，「選挙権」です。

まずは生徒の作例から見ていきましょう。英語そのものの間違いがないか，答え方は適当かどうか，一緒にチェックします。

State Your Opinion / **40〜80** words

生徒の作例

I agree this idea. Because young people must have a great
① with　　② , because　　　　　　　　　　　　③ greater
interest in politics for participation in election. So. people will
　　　　　　④ by participating in elections　　⑤ ,
be able to find the way to which politics should be gone. and
　　　　　　　　　　　　⑥　　　　　　　　　⑦ going ⑧ ,
people will be able to make the good world.
　　　　　　　　　　　　　⑨ a

文法の点検

①を見てください。早速間違えています。I agree with this idea. です。

②の Because も間違い。前の文の理由を述べているのですから , because と直しましょう。young people must have a great interest in politics for participation in election は「若い人は選挙に参加することによって政治にもっと関心を持つようになるだろう」と言いたいのでしょう。そのように直しましょう。

③の a はいりません。great interest は greater interest にしたほうがいい。

④を by participating in elections に直せば、「選挙に参加することによって」と意味が通ります。

⑤はカンマ (,) に直してください。

⑥の to which はいりません。

⑦は be gone のままだと「いなくなる」です。should be going にします。これで the way politics should be going という文になり、「政治がどこへ行くべきなのか」と意味が通ります。

⑧の and の前はカンマ (,)。

⑨は a に直します。the は意味的に that (その、あの) です。the good world (あのよい世界) ってどこにある

前の文の理由を述べるとき、…Because…と文を切って大文字で始めない

……, because….
と一文にすること。

49

PART-2 ＜第2講＞

の？と思われちゃいますね。

「賛成です。選挙権があれば若い人が政治にもっと関心を持つでしょう。そして政治がどっちに向かうべきかもっと気にして，世の中がもっとよくなるでしょう。」と筋の通った文になりました。ただ，残念ながらこれだけ英語を間違えていては，点数が残らないかもしれません。皆さんはこの講義で厳しく文法も見て，点数の残る解答を目指してください。

次の生徒の作例では問題の注文に答え，筋道の通った文になっているかをチェックしましょう。

生徒の作例

I agree with this idea. It is good, ~~I think,~~ that those who are interested in politics take part in administration without the age limit. Some people may say, "Abstention from voting is bad." But they cannot say that my thought is wrong, for the right to vote is a right, not duty.

（politics → it）

論理の点検

第2文目を見てください。

It is good, I think, that those who are interested in politics take part in administration without the age limit.

I think は余分です。意見を言っていることがわかる文だから「私，思います。」なんてわざわざ言わなくてもいい。それから，administration は「政権」です。閣僚として政権に参加するわけではないでしょう。politics（政治）に直します。すると politics がダブるので，it と書きます。politics は s までが付いて1つの単語だから複数形の them

State Your Opinion / 40〜80 words

になりません。
　without the age limit（年齢制限なしに）はおかしい。テーマは年齢制限を設けているんです。18歳でしょう。こういう余分なことは書かないことです。

> I agree with this idea. It is good that those who are interested in politics take part in it.

次の文,

> Some people may say, "Abstention from voting is bad."

　abstention は「棄権」です。「『棄権は悪い。』と言う人がいるかもしれない。」という意味ですね。続きを見ていきますと,

> But they cannot say that my thought is wrong, for the right to vote is a right, not duty.

「でも, 彼らは私の意見を間違いだと言えない。選挙権というのは権利であって, 義務ではない。」という意味ですね。このあたりからは, よくないねぇ。第2文目まではいい感じできているのに, Some people may say,…から, 棄権のことに話が移っている。選挙権を18歳まで下げていいことに賛成し, 政治に関心があれば参加するとよいとまで言っておいて, 棄権が悪いと言う人の話になっては, 論理が飛躍していますね。投票の棄権は正しいかどうかなんて聞かれていません。特に But they cannot say that my thought is wrong,（彼らは私の意見を間違いだと言えない）は完全な無駄です。この作文では自分の意見を言わなくてはならな

PART-2 ＜第2講＞

いのに，「自分の意見に反対する人もいるかもしれない」みたいなことは書いても余計ですよ。残念ながらこの作例も点をもらえません。

今までは悪い例を見てきました。ここからはよい例です。

合格答案

　I disagree with this idea because most eighteen-year-old people in Japan are not interested in politics. They don't think that they are voting in elections to elect their own representatives. So they may not go to the polls, or may vote without thinking well.
(44words)

（私は反対です。なぜなら，ほとんどの日本の18歳の人は政治に関心がないからです。彼らは自分たちの代表を選ぶために選挙の票を投じていると思っていません。だから，彼らは投票に行かないかもしれません。またはあまり考えずに票を入れるでしょう。）

　この答案は，全体としては注文に答えようとしていることがわかります。前半の… interested in politics までは非常によい。しかし，後半からは自分の言いたいこととズレた内容になっています。

●自分の言いたいことを正しく書く

They don't think that they are voting in elections to elect their own representatives.
（彼らは自分たちの代表を選ぶために選挙の票を投じていると思っていません。）

　この文はちょっとおかしい。「彼らは自分たちの代表を選ぶために選挙の票を投じていると思っていない」ならば，投票箱に票を入れるとき，ゴミを入れていると思っています？代表を選ぶと思っているはずですね。おそらく，この作例の人は，例えば選挙区によって1票の重みに差があるために「自分が入れた票が民意に反映すると思っていない」と言いたいんだと思います。こう書き直しましょう。

State Your Opinion / **40～80** words

They don't think the true vote can come out.
（彼らは票が正しく反映されると思わない。）

最後の So they may not go to the polls, or may vote without thinking well.（だから，彼らは投票に行かないかもしれません。またはあまり考えずに票を入れるでしょう。）は若者が人気投票くらいに考えていると言いたいのでしょう。

第2文があいまいだから，この答案は多少は減点されるでしょうが，決して悪くない。次は評価の高い答案を見てください。

<賛成の立場で>

合格答案

> I agree with this idea. The future of Japan depends on young people. Eighteen-year-old people are old enough to make their own judgment and they should know more about politics in order to run the country better. The right to vote would make them more interested in politics. (48words)
>
> （私は賛成です。日本の未来は若い人にかかっています。18歳の人は自分で判断ができる年齢で，国をよりよい方向に動かすためにもっと政治を知るべきです。選挙権は彼らにもっと政治への興味を持たせることでしょう。）

これは本当によい答案です。若者は政治を知るべきで，選挙権は彼らをもっと政治に興味がある状態にさせていく，と筋が通っています。

run the country の run は「運営する」という意味です。「国を転がしていく」という感じですね。こういう易しい単語の使い方に慣れてください。

PART-2 ＜第2講＞

合格答案 ＜反対の立場で＞

> I disagree with this idea, because few young people are responsible enough to make decisions on how the country should be managed. It takes experience to know right people. Furthermore, rights come with duties. Unless they pay taxes, they should not be given the right to vote. (47words)
>
> （私は反対です。国をどう動かすべきか判断する責任感がある若者はほとんどいません。然るべき人間を知るには経験が必要です。さらに、権利と義務は一緒に来るものです。彼らが税金を払わない限り、選挙権は与えられるべきではありません。）

It takes experience to know right people. の takes experience は「経験が必要」という意味ですね。It takes three hours. と同じ型の文です。right people の right は「道徳的に正しい」よりも「然るべき」という意味でしょう。

rights come with duties

は「権利には義務がついて来るものだ」という意味ですね。権利だけを主張してもダメ。義務がないなら権利もなし、と割合に保守的な論理ですが筋は通っています。使える表現なので覚えてください。次の Unless they pay taxes, they should not be given the right to vote. で「税金を払って（義務）いなければ、選挙権（権利）はない。」と、具体的に説明しています。

どうでしょう？　よい例は文がスッキリして、読みやすいですね。また、意見が一貫していますね。

実際は、書いた意見に反論されることはいくらでもあります。しかし、反論を予想していろいろなことを書くことはありません。自分の意見を1つの方向で書くことです。意見を押したり引いたりするのは、やめましょう。

State Your Opinion / 40〜80 words

表現のアドバイス

> ..., because ... Furthermore,

「合格答案　反対の立場で」(→p.54) の Furthermore, rights come with duties. を見てください。

Furthermore（さらに）は，先の意見に加えてもう1つ意見を述べるときに使えます。

先ほどの合格答案をもう一度よく見ると，

> I disagree with this idea, because few young people are responsible enough to make decisions on how the country should be managed. It takes experience to know right people.
> Furthermore, rights come with duties. Unless they pay taxes, they should not be given the right to vote.

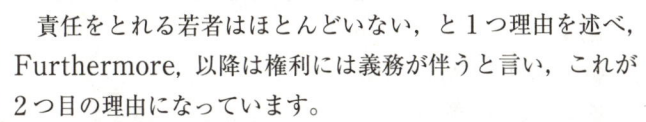

ARGUMENT

↰, because
理由1
（さらに）
↰ Furthermore,
理由2

責任をとる若者はほとんどいない，と1つ理由を述べ，Furthermore, 以降は権利には義務が伴うと言い，これが2つ目の理由になっています。

..., because ... Furthermore, はぜひ覚えてもらいたい表現です。because ... で1つ理由を言い，furthermore, と書いてもう1つ理由を続ける。2つも理由が必要でなければ，furthermore, 以降は取ってもいいですね。

例題 2 ──────────────────（慶應大・経済）

1年間，海外の大学へ留学（studying abroad）する学生のための奨学金（scholarship）があります。その選考過程で現在，3人の学生が残っています。奨学金をもらえるのは1名だけです。だれが奨学金をもらうべきかについて，その理由を付して英文で説明しなさい（だれを選んでもかまいません。）

	Hitomi	Mai	Ryota
Academic performance	Excellent, good at English	Average, but not so good at English	Lower than average, but good at English
Hobbies and interests	Kendo（剣道）	Leader of a student volunteer group	Foreign movies
Future plans	Staff of the United Nations	School teacher in Japan	Movie director
Goals for year abroad	To study international politics	To improve her English skills	To experience a different culture

（注意）
- 50語以上であること。
- 英作文の始めに，だれが奨学金をもらうべきかを文の形ではっきりと述べること。
- 接続詞や副詞を使って一貫性のある文章にまとめること。

問題の検討

問題文に「だれが奨学金をもらうべきかについて，その理由を付して」とあります。この注文に答えるにはこんな枠組みが必要です。

結論： Hitomi
判断の基準：①＿＿＿＿＿＿　②＿＿＿＿＿＿
　　→ Hitomi が適合。
他の2人より＿＿＿＿＿＿

State Your Opinion / 40〜80 words

まず最初に結論を言いましょう。だれが奨学金をもらうべきかを述べるんです。ここでは Hitomi としました。次になぜ Hitomi なのか、です。このとき選んだ判断の基準を挙げます。そして判断の基準に Hitomi が適合していることを述べ、さらに他の2人より優れている点を挙げれば、筋が通った英文ができあがりますね。

● データを読み取ろう

それでは、念のため、与えられた表の中身（データ）を確認しましょうか。

- Academic performance（成績）

Hitomi は Excellent, good at English（抜群、英語が上手）です。Mai は Average, but not so good at English（普通、英語はそれほど上手ではない）、それから Ryota。彼は Lower than average, but good at English（成績は平均以下、でも英語が上手）ですね。

- Hobbies and interests（趣味や活動）

Hitomi は Kendo（剣道）です。Mai は Leader of a student volunteer group（学生ボランティア団体のリーダー）。Ryota は Foreign movies（洋画）ですね。

- Future plans（将来の夢）

Hitomi は Staff of the United Nations（国連の職員）、Mai は School teacher in Japan（日本で学校の先生）、Ryota は Movie director（映画監督）。

- Goals for year abroad（留学して何をしたいか）

Hitomi は To study international politics（国際政治の勉強）。Mai は To improve her English skills（英語を上達させる）ですね。Ryota は To experience a different culture（違った文化を体験する）。

それでは、生徒の作例を一緒に見ましょう。まずは文法のチェックから始めますが、最終的にはこの作例を通して、文の組立て方を理解してください。

PART-2 〈第2講〉

生徒の作例

I ~~should~~ think that Hitomi should be given the scholarship
①
for studying abroad, because she has learned kendo. Mai and
Ryota have not learned Japanese culture . I expect Hitomi to
　　　　　　　　　　　　　　　　　　② — martial arts
introduce Japanese spirit by kendo to foreigners the
　　　　　　　　　　　　　　③ through　　④ the students at
university. Kendo support her to interact other students.
　　　　　　　　⑤ will help　　　　　　　　⑥ with
Probably, Hitomi studying abroad will lead to great success.
　　　　　⑦ Hitomi's　　　　　　　　　　　⑧ a

文法の点検

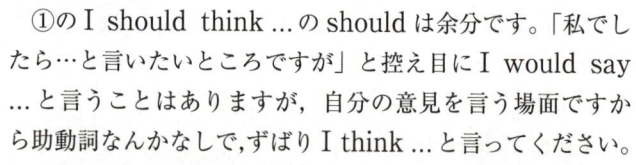

①の I should think … の should は余分です。「私でしたら…と言いたいところですが」と控え目に I would say … と言うことはありますが、自分の意見を言う場面ですから助動詞なんかなしで、ずばり I think … と言ってください。

②第2文の「MaiとRyotaは日本の文化を学んでいない。」はずいぶん乱暴な意見ですね。Japanese culture の後で限定しなければ。そういうときはダッシュ (—) を使います。「武道」がいいかな。武道は budo と書いても通じないので、英語で martial arts と書きます。

③は、直接的な手段を示す by よりも、間接的に「〜を通じて」を表す through のほうが適当です。

④ foreigners は、留学したら自分自身が「外人」なわけですから、使うのはよしましょう。the students at the university でしょう。

⑤の support は三単現の s が抜けています。しかし、本当は supports より will help が自然です。

⑥ですが、interact with other students にします。interact は自動詞なので、前置詞が必要です。

State Your Opinion / **40〜80** words

⑦は Hitomi's にしましょう。動名詞の意味上の主語は，所有格の形にするのが原則と考えてください。例えば，me studying よりも

　　my studying（私が勉強すること）

とします。
　⑧は冠詞 a を付けたほうがいいね。a great success で数あるうちの「1つの大きな成功」という意味合いになります。
　これで文法的な間違いは大体克服されました。次は問題文の注文に答えているか，つまり文の組立て方は OK なのかをチェックしましょう。

◀**文法が直された作例**▶

> I think that Hitomi should be given the scholarship for studying abroad, because she has learned kendo. Mai and Ryota have not learned Japanese culture — martial arts. I expect Hitomi to introduce Japanese spirit through kendo to the students at the university. Kendo will help her to interact with other students. Probably, Hitomi's studying abroad will lead to a great success.

▶**論理の点検**

文法が直された作例です。
　　　　　　　結論→判断の基準→適合
という組立て方ができているかどうか，チェックします。

　　I think that Hitomi should be given the scholarship for studying abroad,
　　（Hitomi に留学のための奨学金が与えられるべきだ，と私は思います）

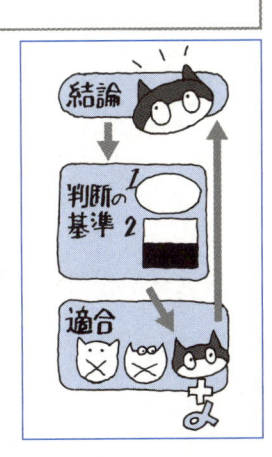

PART-2 〈第2講〉

が結論ですね。

問題はその理由です。because she has learned kendo（彼女は剣道を習っているから）だけでいいでしょうか。これを書く前に判断の基準を入れてください。つまり自分で原則を作ってしまうんです。

● 自分で原則を書こう

さて，どんな筋で原則を作りましょうか。こんなのはどうでしょう。

留学は勉強だけじゃない
↓
日本から文化を輸出するのも留学の目的だ
↓
日本の伝統文化を輸出できそうなのは Hitomi しかいない
↓
Hitomi は剣道を習っている

これなら説得力，あるよね。こういう筋をいつも考え出せるようにしてください。

では，この展開を踏まえて，原則を英語で書きましょう。I think that Hitomi should be given the scholarship for studying abroad, because の後に続けます。まず，

　　studying abroad means more than just ...
　　（海外留学は…だけ以上の意味がある）

です。means more than just ... は「…だけ以上の意味がある」です。「留学の意味はこれ以上にもっとある」って相手に伝えたいとき，何と言いますか？　まずは日本語で考えて結構。こんなのはどうですか。

「テストを受けるため，よい成績を取るために勉強をすること以上の意味がある」

さらに，

State Your Opinion / **40〜80** words

「自国の文化を他国に伝える意味がある」
と加えると説得力が増します。英語で書くと，

> I think that Hitomi should be given the scholarship for studying abroad, because studying abroad means more than just studying for exams and getting grades. It also means exporting your culture to another country.

そして，この後は「Hitomiだけが武道を知っている」と書けば，少し独断的な意見に見えますが，十分に筋が通ります。

> Only Hitomi knows kendo — traditional Japanese martial arts.

最後は合格答案としてまとめましょう。

合格答案

> I think that Hitomi should be given the scholarship for studying abroad, because studying abroad means more than just studying for exams and getting grades. It also means exporting your culture to another country. Only Hitomi knows kendo — traditional Japanese martial arts. I expect Hitomi to introduce Japanese spirit through kendo to the students at the university. Hitomi's kendo will help her to interact with other students. Probably, Hitomi's studying abroad will lead to a great success.
>
> (77words)

PART-2 ＜第2講＞

●他の原則を考えてみる― **Ryota** の場合

　今の Hitomi のように，他の候補者が選ばれたとして，原則を作ってみましょうか。

　例えば Ryota が選ばれるとしましょう。どういう筋になりますか？

Ryota がふさわしい
↓
留学の目的として，世界的に活躍する人物の育成が重要
↓
Ryota は映画監督になりたいという夢がある
↓
映画は global language だ

というように，考えることもできますね。

　原則を作って書くポイントはわかってもらえたかと思います。次はもう1つの合格答案で筋の作り方を確認してください。

合格答案

> 　The scholarship should go to Hitomi. Studying abroad is totally different from going on a sightseeing trip. You have to have strong motivation and a good command of English. Hitomi is not only good at English, but has a very specific future plan and knows what she wants to study. She seems to be much more motivated than the other two. (61words)
>
> （奨学金をヒトミに与えるべきです。海外で勉強するのは観光旅行とは全く違います。強い動機づけと高い英語力がなければなりません。ヒトミは英語の成績がよいばかりでなく，将来の計画が具体的で，自分が何を勉強したいのかよくわかっています。他の2人よりも動機がはるかにはっきりしていると思われます。）

　この解答も Hitomi を選んでいます。結論は The scholarship should go to Hitomi.です。

　次に Hitomi が選ばれる判断基準を書いています。

　まず原則の1つは，

State Your Opinion / 40〜80 words

Studying abroad is totally different from going on a sightseeing trip. You have to have strong motivation and a good command of English.
(留学は観光するのとは全然違います。強い動機と高い英語力を持っていなければいけません。)

ここでは，留学するには強い動機と高い英語力が必要だ，という基準を言っています。command は一般には「命令」ですが，「自分が自由に支配できること」という意味も持っています。command of English を他の表現で言うならば，ability to speak English（英語を話す能力）です。そしてさらに，

Hitomi is not only good at English, but has a very specific future plan and knows what she wants to study.
(Hitomi は英語が上手である上に，非常にはっきりとした将来の目標があり，何を学びたいのかがわかっている。)

これは，Hitomi の将来の夢に注目して書いています。もう一度資料を確認してください。Hitomi の夢は staff of the United Nations になることであり，留学の目的に一致していますね。そして，英語の成績もよいということに触れれば，筋はしっかり通ります。

She seems to be much more motivated than the other two.

この一文はあってもなくてもかまいません。このように自分で原則を作って筋が通っていれば，合格点をクリアできます。

表現のアドバイス

原則論の主語は？

さて，原則を書くときは，主語に気をつけてもらいたいんです。p.61 の 5 行目の文を見てください。

Studying abroad means more than just studying for exams and getting grades.

この文の主語は人ではありませんね。だれでもないんです。原則論なんですから，このようにして特定の人を出さないのが自然に見えます。しかし，次の文を見てください。

It also means exporting your culture to another country.

この文には人がありますね。your です。the culture と言っても何の文化だかわからないから，your を使いました。

ここで，「なぜ，our culture じゃないの？」と思うでしょう。それはまずい。もし，書き手が日本人なら「だれ？日本人が日本の文化を??」と思われて，対象を限定されてしまうんです。その点，your は英文を書いている人が読者に向けて your culture と言っているわけだから，限定されません。読者がアメリカ人ならアメリカ人の文化と理解するし，中国人なら中国人の文化になりますね。you って便利な単語です。

State Your Opinion / **40～80** words

例題 3 ――――――――――――――――――――――― (滋賀大)

ボランティア（volunteer）活動に参加することには，どんな意義があると思いますか。あなたの意見を70語前後の英語で述べなさい。

問題の検討

Q：ボランティア活動に参加する意義は？
答え方の可能性としては例えば，
A：私はこう思う。意義→他人を知る
　　　　　　　　　　　　→自分を知る
なんていうのが考えられますね。

　答えのタイプを2つに分けます。1つは「他人を知る」，2つ目は「自分を知る」。

　「他人を知る」というのは，労働を提供する相手や，一緒に働く仲間が，今までの生活では出会えなかった人である，というようなことでしょう。

　「自分を知る」というのは，思っていたよりも自分は社会の役に立つ，といった発見かな？

　こういう枠組みをすぐに思い浮かべられるといいですね。ただ，「私はこういうことをやっています」ということだけを書いても点にはなりません。「私はこういうことをやっています，これにはこういう意義があります」と必ず付け足さないとダメですよ。

PART-2 ＜第2講＞

生徒の作例

> You don't have to participate in volunteer activities if you are forced to ~~do~~ because volunteer activities bring up your mind to
> ①   ② develop your initiative
> do things. Today, Japanese people, particularly youths are
> often said to wait to be indicated. But they may understand
>   ③ instructed
> the importance of aggressiveness by joining volunteer
>   ④ doing something of their own will
> activities. That's why I find them significance and think they
>   ⑤ significant
> should try to do them.

文法の点検

先に文法を直してしまいましょう。

①の forced to do は中途半端です。do の後に目的語が必要。forced to do them とするか，forced to で終わらせてください。

②は「ものごとをやる意識を育てる」と言いたいのでしょうが，mind は「頭脳」に近い意味での「精神」だから，あまり似あわない。develop your initiative（自主性を伸ばす）としましょう。

③ indicated がおかしいですね。particularly youths are often said to wait to be indicated の部分は「特に若者は指示待ちだ」と述べたいのでしょう。そうならば，indicated よりも instructed のほうがいい。indicate は show と同様に「目に見えるように示す」語。「ハイ，こうして」と指示することは instruct が適していると思います。

④の aggressiveness は「攻撃性」というニュアンスが

State Your Opinion / **40〜80** words

強いんです。だから，

 the importance of doing something of their own will
（自分の意志で何かをすることの重要性）

にしましょう。ここは p.73 の表現のアドバイスで詳しく説明します。

⑤ significance は名詞です。I find them の後は形容詞が置かれます。だから，

 I find them significant（それが重要だとわかる）

になります。
 文法を直したら，例題の注文にきちんと答えられているか，チェックしましょう。

その場面に適した単語を選び出せる練習を！
aggressiveness だと「積極性」
「攻撃性」になりますョ．

生徒の作例

＜文法が直された作例＞

> You don't have to participate in volunteer activities if you are forced to because volunteer activities develop your initiative. Today, Japanese people, particularly youths are often said to wait to be instructed. But they may understand the importance of doing something of their own will by joining volunteer activities. That's why I find them significant and think they should try to do them.

PART-2 ＜第2講＞

> 論理の点検

　You wouldn't have to participate ... to までを見てください。これは「むりやりやらされるならば，ボランティアに参加する必要はないだろう」と言っています。この部分は必要でしょうか？　はっきり言って，不要です。するとこの部分の理由を述べる because 以降も不要となります。

　先ほど，この例題で聞かれていること，確認しましたよね。「ボランティア活動をする意義は？」と聞かれているんです。「ボランティアはむりやりやらされるんじゃなくて，自分の意志でやるものであり…」といった「定義」みたいなことを話すのは，やめてください。すぐに意義について答えてほしいんです。

　次は最後の一文，That's why I find them significant and think they should try to do them.（これが私が重要だと思う理由であり，彼らはやるべきなんです。）です。これはボランティア活動をやるべきだ，とダブったことを言っている。不要ですね，これも。だって，「ボランティア活動の意義は？」の答えになっていないでしょう？　語数を伸ばしている感じがします。

　どうすればいいか。「自分の意志でやることが大切」というテーマを変えずにもう一言書くならば，

If you join a camp for small children, you have to be the leader yourself.
（もし，子どものキャンプに参加するならば，自分がリーダーにならないといけない。）

State Your Opinion / **40～80** words

と最後に具体的なことを書いてもいいと思います。こうすれば，全体的に筋が通った文になるはずです。

質問「ボランティア活動の意義は？」
「自発性を高められる」
↓
「例えば子どものキャンプに行けば，自分がリーダーにならないといけない」
「ボランティアは強制されてやるなら参加する必要はない…」と定義みたいなのを長々と書くよりも，質問に対して，具体的に，シンプルに書いていきましょう！

具体的でシンプルだと筋がよくワカル！

合格答案

　　Participating in volunteer activities will broaden your view. You will get to know people you've never had a chance to meet at home and at school. They are people that are very different from you in age, experience and attitudes.

　　You will even discover something about yourself. You will find pleasure in working for others. You may find that you are a better person than you thought you were. (69words)

　（ボランティア活動に参加することで視野が広がります。これまで家庭や学校で会う機会のなかった人々と知り合うことになるでしょう。自分とは年齢や経験，ものの見方がずいぶん異なった人々です。
　自分についても発見があるでしょう。他人のために働くことに喜びを見いだすでしょう。自分が思っていたよりよい人間であることに気づくかもしれません。）

　Participating ... will broaden your view.を見てください。broaden your view は「視野を広げる」です。
　ついでに語彙の確認をしましょう。broaden（広げる）の形容詞形は broad（広い）。街の中で一番広い通りによく Broadway って名前を付けます。だからニューヨークに限

らずアメリカのいろんな街の中に Broadway があるんですね。broadcast（放送する）は知ってますか？ この単語のもともとの意味は「広いところへポンポンと投げる(cast)」でしょ。あっちこっちにニュースをばらまくイメージです。また，abroad（海外へ）のもとの意味は「広いところへ」ですね。

Participating ... will broaden your view.（ボランティア活動に参加することで視野が広がるだろう。）は内容が抽象的です。この次の文から具体的なことを言ってます。

You will get to know people you've never had a chance to meet at home and at school.
（今まで家や学校で会う機会がなかった人と知り合うようになります。）

具体的ですね。get to know は come to know と同じで「知るようになる」です。この次は，どんな人と知り合うのか，さらに具体的に言っています。They are ... and attitudes.を見てください。

They are people that are very different from you in
age,
experience
and
attitudes.

that は関係代名詞。別に who でもかまいません。in 以下に注目です。age（年齢），experience（経験），and attitudes（考え方）と箇条書きにして並列の表現になっています。3つ以上の箇条書きの仕方はわかりますね。"A, B, and C" のように and は最後に1つ付けます。

State Your Opinion / **40〜80** words

　1段落目は「他人を知る」について述べていました。2段落目は「自分を知る」についても言及しています。You will even ... yourself.（自分について何か発見があるでしょう。）は抽象的な言い方ですね。続けましょう。

　　You will find pleasure in working for others.
　　（他人のために働くことに喜びを見いだすでしょう。）

　　You may find that you are a better person than you thought you were.
　　（自分で思っていたより自分がよい人間であることに気づくかもしれません。）

　この2文は具体的ですね。a better ... you were の比較の文は，you were を省略して，a better person than you thought としても OK です。

●構成を確認しよう

いいですか。合格答案の英文の構成，筋が通っているでしょう。「ボランティア活動の意義は？」にきちんと答えています。

質問「ボランティア活動の意義は？」
↓
意義①「視野を広げることができる」
↓
　　　「他人を知ることができる」←具体的
意義②「自分について何か発見がある」
↓
　　　「他人のために働く喜びを見いだす」←具体的
　　　「思っていたよりよい自分を発見する」←具体的

おおまかに2つの意義を答えています。別に難しい構成ではありませんね。意義①②をそれぞれ具体化しています。

●「まとめ」がないとダメ??

皆さん，小論文や評論文を読んだり，書いたりしていれば，文章の最後には「まとめ」に当たる部分があることはもう，わかっていますよね。

$$\text{Claim}(主張) \rightarrow \text{Conclusion}(結論，まとめ)$$

という構成に皆さんは慣れていると思います。だから，p.68のIf you join a camp ... leader yourself.のような最後を見て，「あれ，具体例で終わっていいのかな？」と思った人もいるでしょう。確かに80語〜100語という長い作文なら，まとめがあってもいいかもしれない。しかし，例題3のように，質問が具体的で70語前後ならば不要です。合格答案のような単純な構成で大丈夫です。

State Your Opinion / **40〜80** words

単語の使い方には注意しよう

第2講・例題3の生徒の作例（→p.66）から引用して，皆さんに一言アドバイスをしておきます。

作例の中で，

> But they may understand the importance of aggressiveness by joining volunteer activities.

という文に aggressiveness という語が使われています。きっと，この生徒は「自発的」という英語を書きたくて，和英辞典でも引いてみたんでしょう。しかし，aggressiveness は基本的に「攻撃性」という意味です。ボランティアの話とはずいぶん方向違いのことになってしまいます。

和英辞典に頼りっきりなのは，よくないと思います。でも，単語がわからなければ，辞書を引きたくなりますね。和英辞典を引いて，これだと思う単語が出てきたが，その単語をよく知らないというときは，英和辞典を引いて，その単語がどのように使われているのかをチェックしてください。

一語で言えなければ，長くても易しい英語で言おう！

さらにアドバイスをもう1つ。

試験場には普通，辞書はありません。先ほどの「自発的」のように，一語で言うのが難しいならば，他の言い方はないか，と常に考えてほしいんです。

例えば，「自発的」を表すのに importance of ... の後に続く言葉は，どんなのがいいでしょう？

「自分でやること」
doing something for yourself
「人に強制されずにやること」
doing things without being forced

…いろいろあると思います。まずは日本語で易しく言い換えてみましょう。

第3講

State Your Opinion
around 100 words and over

She is pregnant. = She is having a baby.

易しい単語で表現すればいいんです。

100語以上の英作文と言われると，面食らう人もいると思います。しかし，20語でも100語でも英文の構成に注意して書くことに変わりはありません。そして，できるだけ自分が知っている易しい単語で表現することを意識すれば，難しいことはありません。

PART-2 <第3講>

第3講のテーマ 構成を考え，中身を埋める

　日本の大学入試の英作文で100語以上の長さを求めるものは多くありません。逆に言えば，この分量でまとまったことを書けるようになったら英作文に関しては恐いものナシです。

　100語と言うとおおざっぱに言って10行程度。大体6～10センテンスぐらいでしょうか。一番大切なのは構成です。100語を一気に書こうとしても無理です。例えば［現状］［分析］［自分の意見］の3つのパートに分ける，などといったプランが重要なのです。単純に3分割すれば1つのパートは約30語になるわけで，これなら第1講で練習した分量です。

1つ1つのパートではその筋から逸脱しないように，一貫したことを書くように心がけてください。
　もちろん，構成を考えてから中身を埋めていくのには訓練が必要です。「将来日本の人口が減ることについて」というテーマに対して，「電車が空いて嬉しい」という反応しかできないとか，「小学校の科目に英語を加えることについてどう思うか」に対して「国際化だからいいことだ」という一面しか考えられない，というのではいけないと思います。「人口が減ると経済が衰退する」「母語がしっかりしていないのに半端な外国語学習は害である」といった，反対の面が必ずあるのです。そういうことをいつも考える癖をつけることも作文力をつけるために欠かせない訓練です。
　作文は文法や構文の問題だけではありません。中身が大事なんだということを忘れないでください。そのためにもPart 3のOpinionsを参考にしていただきたいと思います。

PART-2 〈第3講〉

例題 1 ──────────────────────────── (一橋大)

Write an argument either FOR the following topic or AGAINST it in about 100 words of ENGLISH.

Ordinary people should no longer own cars today.

問題の検討

問題文には Ordinary people should no longer own cars today.（今日，普通の人は車を所有するべきではない。）とあります。ずいぶん乱暴じゃありませんか。「普通の人」ってだれかと定義されていないし，すべての人に車の所有を禁ずるというのも無理な話です。こういう問題文は困りますよね。自分でテーマを「自家用車は厳しく規制されるべきだ。」ぐらいに言い換えてから，書き始めるといいと思います。

生徒の作例

I am for the opinion that ordinary people should no longer own cars today. There are two reasons. First, I mention
① I would like to point out
exhaust gas. The air of the cities has been polluted by exhaust gas from cars. Exhaust gas brings about global warming. Too many cars harm the nature and the globe. Second, I mention safety. Japan is a little island. Japanese
② The second reason is
roads are very narrow and Japan does not have enough space for everyone's cars. When I think of the narrow road in which many cars are driving, the distance between a car and
③ running
another car is very close. Driving a car in this kind of road is
④ on
dangerous.

文法の点検

　結論を「賛成です。」と述べた後，There are two reasons. としています。いかにも組立てがしっかりしているようで，いいですね。

　①は mention の使い方が間違っています。mention は意見を言うときに使いません。ひょいと口に出してしまうというニュアンスです。例えば，He mentioned your name.（彼が君の名前を口にした。）のように使います。ですから①は，

　　First, I would like to point out ...
　　（まず，私は…を指摘したい）

と直しましょう。または理由を述べているところだから，

　　The first reason is exhaust gas.
　　（第一の理由は排気ガスである。）

でもいいです。reason を省略して The first is exhaust gas. と書くのが一番単純でしょう。

　②も同じことです。The second reason is と直しましょう。

　③に driving とありますが，ドライブするのは人間です。車は走るんですよ。running に直しましょう。

　④の in は on にします。

論理の点検

　言いたいことが言えていて筋が通っているか点検します。

　第1文目の I am for the opinion that ordinary people should no longer own cars today. の that 以下は不要ですよ。課題が100語と多いので，問題文を繰り返し書いて語数を増やそうとしているのかな。

次は Japan is a little island. です。これ、おかしいですよ。日本は小さな島1つですか？ 少なくとも、大きな島は4つあるでしょう。おそらく「日本は小さな国です。」と言いたかったのでしょう。ならば、

Japan is a small country.

で十分です。われわれは「島国」とよく口にしますが、別にこの問題の中で、島は関係ないでしょう。ただ、小さな国だということを言えばいいと思います。

Japan does not have enough space for everyone's cars. （日本にはみんなの車のスペースがありません。）を見てください。実際に一人一台持っているわけではありません。ですから、

Japan does not have enough space for this many cars.

とすれば、「日本にはこれほど多くの車のスペースがありません。」で、わかりやすい文になりました。this は「これほど」と many を修飾する副詞です。

この作例の最後のほう、When I think of the narrow road in which many cars are running, the distance between a car and another car is very close. では、狭い道路では車間距離がとても近すぎると言ってます。しかし、「道の幅」と「車間距離」は直接関係ないと思うんだけどなぁ。もしも対向車との間隔のことを言っているのなら、another ではなく oncoming ですね。

State Your Opinion / around **100** words and over

合格答案

I am for the opinion, if it is supposed to mean that private possession and use of cars should be strictly regulated.

I know too well that we cannot do without cars anymore — unless we are willing to go back to pre-industrial age. However, it is high time we thought hard about how to solve the problems of air pollution and traffic jams in big cities.

I believe the only approach is to limit the number of private cars coming into urban areas. Drivers may find it inconvenient, but the common good should come first. In order for the regulation to be realistic, we will have to think of more effective use of our existing public transportation systems.

(118words)

(もし自家用車の所有と使用を厳しく規制すべきであるという意味だとするならば、私はこの意見に賛成です。

私たちがもう車なしでやっていくことはできない — 工業化以前の時代に戻る気がないならば — ということはよく承知しています。しかし、もうそろそろ、大都市の大気汚染と交通渋滞の問題について真剣に考えるときが来ていると思います。

唯一の解決方法は都市部に入り込む自家用車の数を制限することだと考えます。ドライバーからすれば不便なことでしょうが、公益が優先されなければなりません。規制を現実的なものとするためには、すでにある公共輸送システムのより効率的な利用を考えるべきでしょう。)

「普通の人が車を所有するべきではない」という前提があいまいなので、

I am for the opinion, if it is supposed to mean that private possession and use of cars should be strictly regulated.
(車の私的な所有と使用が厳しく規制されるべきという意味になっているならば、私は賛成です。)

あいまいなテーマは内容を限定させれば展開しやすい。
テーマはこれ!

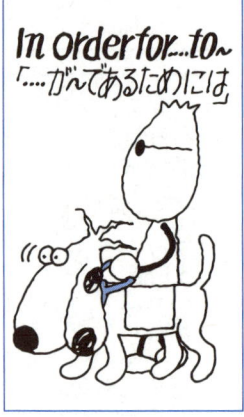

PART-2 〈第3講〉

と自分で趣旨をはっきりさせました。「車の私的な所有と使用が厳しく規制されるべき」と，内容を限定させてわかりやすくしてから，論を展開していきます。

unless we are willing to go back to pre-industrial age を見てください。pre-industrial age は「工業化以前の時代」という意味で，つまり馬車の時代のことを言っています。

it is high time ... は決まり文句です。「もうとっくに…してもよいころだ」という意味。「...」以降は仮定法になります。it is high time we thought hard about how to solve the problems of air pollution and traffic jams in big cities で「われわれは大都市の大気汚染と交通渋滞の問題をどう解決していくか，そろそろ考えるときです」さらに，I believe the only approach is ... で「唯一の方法は…」と解決策を提案しています。

Drivers may find ... come first. を見てください。the common good は公共の善，つまり「公益」のことです。should come first は「優先されるべき」を「最初に来る」と簡単な英語で表現しています。In order for the regulation to be realistic, に注目。In order for ... to ～で「…が～であるためには」という意味です。for の後は意味上の主語が入ります。

existing public transportation は「存在している公共輸送」ですね。public transportation のような言葉は英語で書けるようにしておいてください。Part 3 には「この日本語，英語で何と言うんだろう？」と思われる英語をトピック別にまとめています。英語で書けるように練習しておけば，答案がうんと書きやすくなります。

State Your Opinion / around **100** words and over

例題 **2** ―――――――――――――――――――（順天堂大・医）

下記の主題の自由英作文を指示に従って書きなさい。筆記体を用いても活字体を用いてもよい。

Write an essay in English in which you discuss the topic of bullying and violence（いじめと暴力）in schools. Include in your essay the following：
(1) a general introduction to the topic
(2) a discussion of the reasons for the problems
(3) your ideas about what can be done to help solve the problem
(4) (option) any other comments related to this topic

NOTE : Your essay must deal with the topic of bullying and violence in schools. Any writing that is not related to this topic will not receive credit.

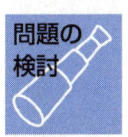

問題の検討

例題2は親切に枠を決めてくれています。Include in your essay the following :（以下のものを作文に含めなさい）と言って(1)から(4)まで枠があります。順に見ましょう。

● (1) a general introduction to the topic （トピックへの導入部）

導入部にどんなことを書けばいいか，わかりますね。「最近学校でいじめと暴力が広まっています。困ったことです。」のようなことでいいでしょう。

● (2) a discussion of the reasons for the problems （問題の理由を考える）

reasonsと複数形なので，理由は2，3挙げたほうがいいですね。なぜ，いじめと暴力が多いのか，理由を考えられますか？ 例えば子どもの正義感や価値観が衰えているとか，教師が監視できていない，などと考えていけばいいですね。

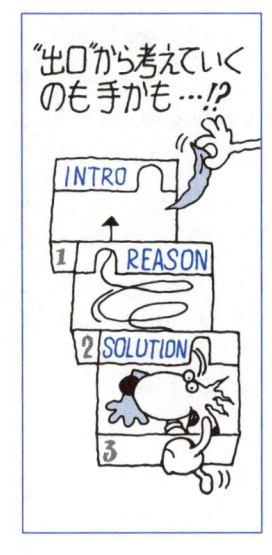

●(3) your ideas about what can be done to help solve the problem（問題を解決するのに何がなされるべきか）

　問題の理由を考えたら，当然順番としてどう解決するか述べるべきですね。例えば理由が，「子どもの正義感や価値観が衰えている」ならば，解決策は「価値観をきちんと教える」。「教師が監視できていない」という理由を挙げたら，解決策は「教師を教育する」が適当でしょう。

●(4) (option) any other comments related to this topic（このトピックに関係した何か他のコメント）

　これは option なので，むりやり入れなくてもいいですね。

　最後に NOTE（註）があります。Any writing that is not related to this topic will not receive credit.（このトピックに関係のないことを書いても評価されません。）ということは，トピックと関係のないことを書く人が多いのでしょうか？

　あらかじめ用意した作文を書いてはいけない，という意味かな？　しかし，だれでも自分で作文を用意して本番に臨むものなんですよ。試験場では，自分が今までにやった中で一番できたものを再現するつもりで答案を作るんです。その場で勝負しようと思ってはダメ。勝負は今決まるんですよ。1つ1つ練習を重ねましょう。

State Your Opinion / around 100 words and over

生徒の作例

> We often hear the news of bullying and violence in schools. But we have not <u>find</u> the solution to <u>this</u> problems. So <u>we concern ourselves</u> about children and must solve <u>this</u> problems. I think that we must find the reason <u>of</u> them and understand the thought of children, because that we do not know about them does not give the solution to <u>this</u> problems. I think that the reason may be that they cannot distinguish between right and <u>mistake</u>. So they do not understand their action. Therefore I think that we teach them the distinction between right and <u>mistake</u>.
>
> ① found　② these　③ should think　② these　④ for　② these　⑤ wrong　⑤ wrong

　まずは，問題文で与えられている枠に沿って段落に区切りましょうか。区切るところに改行マーク（⌐）を入れました。この例題は枠がきちんと設けられているから，どんな型で英文を書くべきかわかりやすいですね。

ACTION-1
指示された枠に沿って段落に区切ると……

(1) (2) (3)

文法の点検

　①は完了形だから found に直そう。we have not found … が正しい形です。

　②の this は problems を修飾するから複数形の these に。

　③の we concern ourselves に注目。語法的に正しく使われていますが，we will concern … にしたほうがいいでしょう。あるいは we should think のほうが普通かな。

　④は reason of them ではなく，reason for them（それらの理由）に直します。

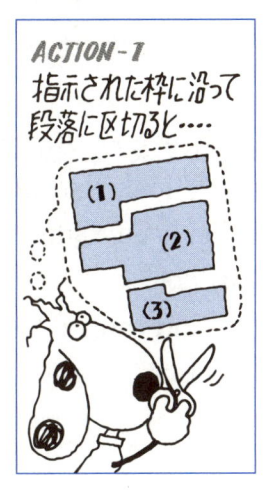

85

PART-2 ＜第3講＞

セットになる語は覚えておこう！ good & evil

⑤は「善悪」と言いたいところでしょう。しかし，right and mistake では，right が形容詞，mistake は名詞でバランスが悪い。「善悪」は英語で，

 right and wrong

と言います。このようにセットになったものは，覚えておきましょう。

 good and evil （善悪）
 positive and negative （プラスとマイナス）
 active and passive （能動と受動）

生徒の作例

〈文法が直された作例〉

 We often hear the news of bullying and violence in schools. But we have not found the solution to these problems. So we should think about children and must solve these problems.
 I think that we must find the reason for them and understand the thought of children, because that we do not know about them does not give the solution to these problems.
 I think that the reason may be that they cannot distinguish between right and wrong. So they do not understand their action.
 Therefore I think that we teach them the distinction between right and wrong.

▶ 論理の点検

 We often hear the news of bullying and violence in schools.（われわれはしばしば学校でのいじめと暴力に

State Your Opinion / around 100 words and over

関するニュースを聞きます。）は導入になっていますね。完璧です。問題はその次。So we should think about children and must solve these problems.（だからわれわれは子どもたちのことを考えてこれらの問題を解決しなければいけません。）は問題の説明にも理由にもなっていない、あまり意味のない文だから、削ったほうがいいかもしれない。

●「子どもの考えを理解する」はどう書く？
　この作例ではここから理由を考え始めます。
　I think that we must find the reason for them and understand the thought of children, because ... は「子どもの考えを理解する」と書いたつもりでも、これは間違っています。例を挙げて説明しましょう。

例　I couldn't get rid of the thought of her.

　これは「私は彼女のことを考えることを追い払うことができなかった。」ですね。どういう状況かと言うと、彼女が好きだから、寝ようと目をつぶっても顔がすーっと浮かんで来る感じかな。どうしても彼女のことを思ってしまう。「彼女のことを思う」が the thought of her なんです。この例と同じように We cannot understand the thought of children. と書いたら、「子どものことを思うということを理解できない。」という何だか複雑な文になる。「子どもが何を考えているか理解できない。」と言いたいならば、

　　We cannot understand children.

でいいんです。その後、because that we do not know about them does not give the solution to these problems という部分はおそらく that we do not know about them が主語で does not give が動詞という構造なんでしょう。しかし，こんなややこしい書き方はしません。「われわれがこれらの問題を解決できないのは，子どもが何を考えているかをわかっていないからだ。」という意味にするのなら次のように書きます。

> Many people think the reason for these problems is that we don't understand our children.
> (多くの人はこれらの問題の理由はわれわれが子どものことを理解していないことであると思っている。)

これでかなりシンプルな英文になりました。主語を Many people としたのは，その次の第3段落の I think ...との区別をするためです。

そして，第3段落は文頭に But を付けて，reason の前に true を入れます。

> But I think that the true reason may be that they cannot distinguish between right and wrong.
> (しかし本当の理由は，子どもたちが善悪の分別ができていないことにあると思う。)

これで，「多くの人が思っている理由」に対する the true reason（本当の理由）というように，言いたいことがきちんと書けました。

●行動がわからない？

So they do not understand their action.（彼らの行動が理解できない。）は変ですよ。子どもだって自分が食事をしているかゲームをしているのかはわかる。They may not know they are doing something wrong.（自分が悪いことをしているとはわからないこともある。）と言いたいんでしょう？

最後，Therefore I think that we teach ... は，

Therefore I think we should teach ...

に直します。should を付けて「教えるべきだ」にしないと違和感がありますね。助動詞を上手に使えるようになりましょう。

●段落を区切ろう

問題文には枠が指定されていましたね。このとおりに段落を区切るときれいな構成になります。

段落①　INTRO / NOW
段落②　REASON
段落③　SOLUTION / PROPOSED OPINION

Intro（導入）は言い換えれば，Now（現状）です。Solution（解決策）は proposed opinion（意見の提案）でしょう。先ほどの作例は，
　①イントロ＝世間で言われていること（最初から Many people ... our children まで）
　②本当の理由（But I think ... right and wrong.）
　③解決策（Therefore ... right and wrong.）
と段落を区切ると文全体が整います。

今回の問題のように枠を与えられている場合，そのとおりに段落を作ると，出題者の意図をよく理解している解答だと評価されるでしょう。では，どのように書けばいいのか。次の合格答案で確認です。

PART-2 <第3講>

合格答案

Almost every day we hear reports on bullying and violence in schools. Schools are no longer safe places for our children. What are the reasons for the increase of these incidents and what can we do about them?

I think part of the reason is that children have no sense of justice or fairness. Of course, they are not born with it. It must be taught. The real problem lies with adults. They should teach justice and fairness to children, but they are neglecting their duty.

I think adults have to change first. Parents should stand up and fight for the rights of their children. Teachers should stop evading their responsibility and stand by the bullied children. Adults should teach what justice and fairness means.

(125words)

(毎日のように学校でのいじめや暴力のニュースを聞かされます。学校はもう子どもたちにとって安全な場ではありません。こうした事件が増えるのはなぜなのか？ そして私たちはどうしたらいいのでしょう？

理由の1つに，子どもたちに正義と公正の意識がないということがあります。もちろん子どもはそれを生まれつき持っているわけではありません。教えなければならないものです。本当の問題は大人のほうにあるのです。大人は子どもに正義と公正とを教えなければならないのに，それを怠っているのです。

まずは大人が変わらなければならないと思います。親は立ち上がって，自分の子どもの権利のために闘うべきです。教師は自分の責任を回避することをやめて，いじめられている子どもの味方をすべきです。大人は正義と公正がどういうことなのか，教えなければならないのです。)

問題文から与えられた枠通りに，1段落ずつ確認します。

<(1) a general introduction to the topic>

Almost every day we hear reports on bullying and violence in schools. Schools are no longer safe places for our children. What are the reasons for the increase of these incidents and what can we do about them?

　現状を説明するところから始めています。Schools are no longer safe places for our children.（学校は子どもたちにとって、もはや安全な場所ではありません。）と親の立場で書いています。What are the reasons for the increase of these incidents and what can we do about them?（これらの事件の増加の理由は？　そしてわれわれは何ができるのでしょうか？）という意味です。「増加の理由は？」、「何ができるのか？」と２つの問いを投げかけておいて、それぞれに答えていきます。

＜(2)　a discussion of the reasons for the problems＞

　I think part of the reason is that children have no sense of justice or fairness. Of course, they are not born with it. It must be taught. The real problem lies with adults. They should teach justice and fairness to children, but they are neglecting their duty.

　第２段落はI think part of the reason ...と始めて理由を考えます。I think the reason is ...と言い切らないでpart という単語を使って「すべての理由ではないけれど」というニュアンスを加えました。次のthat以降が理由の内容です。a sense of justice or fairness は「正義感あるいは公正の意識」ですね。a sense of ...は結構使える言葉です。「安心感」はa sense of security, 「責任感」はa sense of responsibility, 「義務感」はa sense of dutyですね。

　they are not born with it を見てください。「それと一緒に生まれてくる」と書いて「生まれつき」という表現になります。

The real problem lies with adults. (本当の問題は大人にあります。) の lies は is でもかまいません。「問題が…とともにある」と言うときに lies with … という型はよく使われます。

they are neglecting their duty の neglect は「おろそかにする」堅い単語だね。この単語を知らない場合，この部分はどのように書きますか？

They are not doing what they should do.
(彼らはやるべきことをやっていない。)

と，易しい単語で書けてしまいます。

<(3)　your ideas about what can be done to help solve the problem>

I think adults have to change first. Parents should stand up and fight for the rights of their children. Teachers should stop evading their responsibility and stand by the bullied children. Adults should teach what justice and fairness means.

第3段落は解決策を述べています。I think adults have to change first. (まず第一に大人が変わらなくてはダメだと思う。) とはっきり言っています。Teachers should stop evading … children. の evade は avoid と同じで「のがれる」という意味です。stand by は "Stand by Me" (スタンド・バイ・ミー) という歌から取ってみました。「私の脇に立って」，つまり「私の味方して」という意味ですね。stand by the bullied children は「いじめられた子どもの味方をする」です。

全体で125語です。構成を確認してください。第1段落の最後で「増加の理由は？」「何ができるのか？」という2つの問いがありました。ここで読み手としては，文章全体の

State Your Opinion / around 100 words and over

縮図が見えてくるんですね。そして第2段落は理由だけを述べ，第3段落は「何ができるのか？」，つまり解決策だけを述べています。問題文の枠に沿ったきれいな構成ですね。

> 一語できめなくても…

「読むと書くでは大違い」「話すような易しい言葉で書く」ということを繰り返し言っています。読解のテキストなどでは例えば「固有の言語は生来，内在的に保有しているものではなく…」などといったことを表すのに，inherent（生来の）とか inborn（生まれながらの），intrinsic（固有の），innate（生得の）などといった堅い単語が現れてきます。ところが作文ということになると難しい単語ですからなかなか思い出せない。そういうときに，

　　We are not born with language.
　　（私たちは言語を持って生まれてくるのではない。）

というような易しい英語が書けるのは大事なことです。
　このパターンをもとにして例題2・合格答案の「子どもたちは生まれつき正義感を持っているわけではない。」は，

　　Children are not born with a sense of justice.

と言えますし，
　「彼は貴族の家柄だ。」
　　He was born into a noble family.
　「娘は生まれたときからやっかいな病気を抱えている。」
　　My daughter was born with a serious disease.
　「奴は生まれながらの殺し屋だ。」
　　He was born to kill.

など，いろいろと応用もききます。

PART-2 ＜第3講＞

例題3 ──────────────────────────────（東京外国語大）

次の英文の指示に従い，(1)と(2)のそれぞれに関して，あなたの意見を100～125語の英文で記せ。英語の用法に気をつけるとともに，論の組立て方にも配慮して，意図が十分に伝わるように努めること。

(1) Japan has one of the lowest birth rates — the number of children born to each family during a lifetime — of all the countries in the world. Write an essay of 100-125 words in English in which you discuss the causes of this low birth rate.

(2) If you believe that the low birth rate in Japan is a problem affecting the future of Japanese society, write an essay of 100-125 words in which you discuss why this is a problem. If you do not think it to be a problem for the future of Japanese society, write an essay of the same length (100-125 words) in which you explain why a low birth rate is not a problem.

問題の検討

(1)と(2)，それぞれよく読んで話を整理してから取り組みましょう。

(1)の主旨は日本の birth rates（出生率）が世界で最低のほうになってきているということですね。出生率は，1人の女性が生涯に産む子どもの数で表します。2.0を少し上回っていれば人口は変わらないわけですが，例えばアフリカで5.3，ヨーロッパで1.5のように地域差は大きいですね。日本が現在1.3くらいです。

さて，問題文(1)の指示は you discuss the causes of this low birth rate ですから，日本の出生率の低下の「理由」は何かを述べましょう。「出生率の低下は困ったことだ」なんて書かないように。

(2)は出生率の低下が日本の将来にとって問題なのか，問題にはならないのかを述べなさい，ということですね。さらにその理由も述べましょう。

State Your Opinion / around 100 words and over

では(1)から生徒の作例を一緒に見ましょう。

生徒の作例

<(1)の解答例>

I think there are two main reasons for this low birth rate in Japan. First, <u>I mention</u> the problem of money. The money <u>of</u>
　　　　　　　　　　　　　　　① there is　　　　　　　　　　　　　　　② for
<u>growing up</u> children. Children go to kindergarten, elementary
raising
school, junior high school, high school and university. The total money <u>of growing up</u> children is too heavy a burden for
　　　　　② for raising
parents. Second, <u>I mention</u> individualism <u>that recent Japanese</u>
　　　　　　　③ there is　　　　　　　④ in the modern Japanese
<u>people have</u>. Of course, recent Japanese people have an affec-
society
tion for their children. However, I feel that they put importance on the time that they spend as they like. They <u>wanted</u>
　　　　　　　　　　　　　　　　　　　　　　　　　　　　　　⑤ want
to use their free time for themselves. I think these two reasons cause low birth rate.

▶文法の点検

① は mention (→ p.79) がちょっとおかしいですね。単純に First, there is the problem of money.（まずはお金の問題があります。）でいいでしょう。

② growing up は子どもが「育つ」ことです。「子どもを育てる」と言いたければ，raising children にします。さらに「子どもを育てるためのお金」は money for raising children です。of を for に直します。4行目の The total money of ... も The total money for ... です。

③ も mention をやめて，単純に there is individualism

raise
〈育てる〉

grow up
〈育つ〉

95

PART-2 <第3講>

にします。
　④の that recent Japanese people have を見てください。ここは individualism を修飾しています。しかし，have individualism という語のつながりは不自然です。こう直してみましょうか。

> There is individualism in the modern Japanese society.
> （現代の日本社会における個人主義の問題があります。）

　⑤ They wanted ... とありますが，ここがいきなり過去形になる必要はありません。They want に直します。

論理の点検

　この作例は論理的に上手に書けていると思います。第１文，

> I think there are two main reasons for this low birth rate in Japan.
> （日本の低出生率には主に２つの理由があります。）

は，よい書き始めですね。それから First ..., Second ... と上手な構成になっていますね。Second で段落を区切ると見た目ももっときれいになります。
　Of course 以降も筋がきちんと通っていますよ。

> recent Japanese people have an affection for their children
> （最近の日本人でも子どもに対する愛情はあります）

affection は「愛情」ですね。続けてみると，

> However, I feel that they put importance

on the time that they spend as they like.
（しかしながら，彼らは彼らの好きなように使う時間に重要性をおいていると私は思います。）

put importance on ... は「…に重要性をおく」という意味ですが，もっと易しく言いたければ，

However, they would rather enjoy their life than raise their children.
（しかしながら，子どもを育てるよりも自分の人生を楽しむほうを望む。）

としてもいいでしょう。
　後半部分も筋が通っているので，合格できる答案と言ってもよいと思います。
　次に(2)の生徒の作例を見ましょうか。

PART-2 <第3講>

生徒の作例

<(2)の解答例>

I believe that the low birth rate in Japan is a problem affecting the future of Japanese society. Main reason ~~I think~~
① The
is that children bears the future of Japanese society. Now, in
② Japan's future depends on young people
Japan the percentage of the population of old people is growing. In the future, grown up children will have to help
③ young people   ④ support
old people. However, the matter that the birth rate is low
⑤ fact
equals ~~the matter~~ that young people who help old people will
⑤ means   ⑥ there will not be enough young people to
be lack in the future. People help each other. This
support old people
~~relationship~~ adopt not only same generation people but also to
⑦ applies ⑧ not only among the same generation but
different generation people. I am afraid that this kind of
also between different generations
relationship will be destroyed by the low birth rate.
⑨ disappear with

▶ **文法の点検**

① は the を付けましょう。I think は不要です。The main reason is that ... という形で言い切ったほうがいい。

② の children bears the future of Japanese society は「子どもが日本の将来をになう」と言いたいのでしょう。しかし bear の使い方が違います。何か重いものでも背負って,

I cannot bear it anymore. (もう耐えられないよ。)

depend on

I cannot bear it anymore.

とは使えます。あるいは bear the responsibility（責任をともなう），bear the burden（重責をになう）とも言います。でも，children bears the future は不自然なんです。次のように書きましょう。

> The main reason is that Japan's future depends on young people.
> （主な理由は日本の将来が若者にかかっているということです。）

③の grown up children は「大人子ども」でしょうか？ そうじゃなくて young people（若者）に直します。

④の help は support のほうがいいですね。help は何か動作を手伝ったり助けたりすること。support には I have to support my family. のように「養う」というニュアンスがあります。

⑤は matter ではなくて fact にしましょう。equals（等しい）も不自然。means（意味する）にしてください。2つ目の the matter は不要です。

⑥の that young people who help old people will be lack in the future ですが，lack という言葉はこのように使えません。「将来，お年寄りを支える若者が減る」ということを言いたいならば，

> there will not be enough young people to support old people

が適当ですね。

⑦の This relationship adopt ですが，relationship の意味が不明です。何と何の「関係」なのか，よくわかりません。削ったほうがいい。adopt は「採用する」という意味ですが，言いたいのは apply（当てはまる）じゃない？

This applies ...（このことは…に当てはまる）

とすれば，意味が通ります。

⑧の not only ... but also ... generation people は「助け合いは同じ世代の中だけでなく，違う世代の中にでもある」と言いたいのでしょう。ちょっとわかりづらいので，こう直しましょう。

not only among the same generation but also between different generations

generation 自体が人間の集合を指すので，people は不要です。

⑨ be destroyed by ...は「…によって破壊される」ですがちょっとおおげさな言い方だと思います。disappear with ...とすれば十分です。

論理の点検

この作例の結論について考えてみてください。I am afraid that this kind of relationship will disappear with the low birth rate. とあるように，出生率が下がると助け合いもなくなるというのは，「風が吹くと桶屋がもうかる」式の，論理の飛躍ですね。おそらく年金（pension）の問題が頭にあったのかな，と思います。それなら，

There will not be enough young people to support the elderly financially.
（お年寄りを金銭的に支えるだけの若年層が不足する。）

などと書かないとね。

State Your Opinion / around **100** words and over

では合格答案を見てください。

<(1)の合格答案>

合格答案

> Women are having fewer and fewer children because they get married much later than before. Many women get higher educations and then have a career. They put their careers before marriage, so they have their first baby in their late twenties or thirties, which means they cannot have many children in their lifetime. They don't have to worry about this, because they don't regard children as security for the future as their grandmothers did.
>
> Moreover, married couples generally don't want a big family. They want their children to be well educated and they don't want to give up the comforts of life. Good education and comfortable life cost more money, so they prefer a smaller family.
>
> (116words)
>
> (女性が産む子どもの数が減り続けているのは、以前よりも結婚の時期が遅くなっているからです。高等教育を受け、それから職に就く女性が多くなっています。彼女たちは結婚よりも仕事を優先しますから、最初の子を出産するのが20代の末か、さらに30代となり、つまり一生のうちに産む子どもの数は少なくなるわけです。彼女たちはこれを不安に思う必要はありません。祖母たちの頃のように、子どもを将来の生活の保障とは考えないからです。
> さらに、夫婦が概して、大家族を望まなくなりました。子どもにはよい教育を受けさせたい、快適な生活をあきらめるのもいやだと思うからです。よい教育と快適な生活にはお金がかかります。だから小さな家族を選ぶわけです。)

　第1段落の They put their careers before marriage,（彼女たちは結婚より仕事を優先させる）を見てください。「marriage（結婚）より前に careers（仕事）をおく」と簡単な英語で表現されています。

　もう1つ、高学歴と社会進出に関係することとして女性の意識の変化に触れておきました。例えば、2世代くらい前には女性が生きていくのに結婚が必要、という考え方がありま

した。そして齢をとったら子どもに養ってもらうのが当然だったのです。アジアの発展途上国などでは，今でもこういう考えは根強いと思います。しかし，今の日本は違う。それが They don't have to worry about this, ... の文です。

　ここで終わると全体で 100 語には足らないので理由を追加します。そこで Moreover, (そのうえ,) と始めて第 2 段落に移ります。

　まず加えたことは, married couples generally don't want a big family (夫婦が概して大家族を望まない) です。そして They want their children to be well educated and they don't want to give up the comforts of life. は「彼らは子どもによく教育を受けさせたいし，生活の快適さをあきらめたくない。」とも言っています。comfort は「快適さ」という意味ですね。

State Your Opinion / around 100 words and over

それでは次。(2)へ行きましょう。

＜(2)の合格答案＞

合格
答案

> But I'm afraid this will cause some problems. Life expectancy is constantly rising. If the birth rate continues to decline, there will be too many elderly people for their children and grandchildren to support. People have to pay more money to keep the pension system working. That will cause serious economic problems.
>
> Another problem is that Japanese society might lose its energy. Fewer young people may mean less competition among them. A society needs healthy competition to be productive and creative. While other Asian nations are on the rise, Japan might not be able to maintain a high industrial standard.
>
> (100words)
>
> (しかし、これはいくつかの問題の原因となるのではないかと思います。平均余命は着実に伸びています。もし出生率が落ち続ければお年寄りの数は増えすぎて子どもや孫が養っていくことはできなくなるでしょう。年金制度を機能させ続けるための財政的負担も増えることになります。それは深刻な経済問題を引き起こします。
>
> もう1つの問題は日本社会が活力を失うことです。若い人の数が減るということはその中での競争が少なくなるということになりかねません。社会が生産性と創造力を持つためには健全な競争が必要です。他のアジア諸国が発展しつつあるのに対し、日本は高い産業水準を維持できなくなるおそれがあります。)

第2文目のLife expectancyは「平均余命」です。there will be too many elderly people for their children and grandchildren to supportの文は、too ... to ～の型で「あまりに…で～できない」というパターンです。不定詞to supportの前にfor their children and grandchildrenを付けて「子どもや孫が支えるには」という意味を加えています。やはり心配な年金問題のことにも触れておきました。

2段落目ではAnother problem ...として、もう1つ問

life expectancy

「平均余命」

題点を挙げました。Fewer young people may mean less competition among them.ですが，「より少ない若者」は「より少ない競争」と意味するかもしれない，つまり「若者が減るということは彼らの間で競争が減る。」になりますね。While other Asian nations are on the rise, のon the rise は決まり文句で，「上昇中」ですね。rising と同じです。

そして最後は，

Japan might not be able to maintain a high industrial standard.
（日本は高い産業水準を保つことができないかもしれない。）

何でも「これは…だ。」と言い切りすぎると，文全体が幼稚になる。例えば，Japan will not be able to …と書くと断定しすぎるきらいがあるので，might（かもしれない）としました。

枠組みさえきちんと作っておけば，100語の作文でも案外書けてしまうことがわかってもらえたでしょうか？ まず必要なのはプランです。きれいなプランを速く作れるように自分を訓練してください。実はこの能力，将来必要になるんです。こういう訓練をやった人は，あるテーマについて人前で5分間しゃべるように求められたりしたとき，すぐその場で理路整然とわかりやすい英語をしゃべれる人になるわけです。

第4講

Imagine !

"ご自由に！"といわれても基本ルールはありますョ．

第4講のテーマは Imagine! です。「想像しなさい」という意味ですが，第3講までのような答え方のパターンが決まっているものと比べると，「自由英作文」らしい問題に取り組むことになります。
だからと言って自分勝手に考えていいものではありません。考え方は基本的に今までと同じなんです。

PART-2 <第4講>

第4講のテーマ 筋を通すという基本は守ろう

　第4講のテーマは Imagine！（想像しなさい）ですね。第3講までは型に当てはめる，ということを強調してきました。今回は少し自由に考えてみましょう。とは言っても「自由に書きなさい」という問題だからって，問題文の注文に答えず，自分勝手な解答はいけません。
　では，何が「自由」なのか。作文の内容は自分の好きに任せられるということです。そんなときは

　　　Be yourself！（自分らしくいなさい！）

ということを忘れてはならないと思います。
　この言葉はこういう場面で使われます。試験直前になって「あー，どうしよう！」と慌てている人に，Be yourself！（落ち着きなさい。自分らしくいなさい。）と言うことがあります。
　それでは，自由英作文に取り組む上で Be yourself！はどういう意味でしょう。解答の中で「笑わせてやろう」とか「格好いいこと書いてやろう」と考えたり，人のまねをしたりする必要はない，と言いたいんです。そういうことを意識してばかりで，筋が通らないことを言いたい放題ではダメなんですね。自分の言いたいことを筋を通してちゃんと言う，この基本は変わりません。
　また，「賛成か反対か」のような答え方がはっきりと決められたパターンとは違いますが，第4講の例題と同様のタイプの問題もある程度枠があるんです。実際に例題に取り組んで慣れていきましょう。

Imagine !

●具体的に書く

　もう1つ覚えておいてほしいのは

　　Be specific！（具体的に）

ということです。

> **Be specific！**
> 自分らしい、楽しいことを具体的に書こう.

「もしも'タイムマシン'があったら，あなたはどうしますか？」
と聞かれて，
「私だったらここではないところへ行きます。」
と答えたら相手はむっとしますよ。'タイムマシン'の機能を述べているにすぎないからです。
「現実逃避の道具として使いたいと思います。」
なんて答えも同じですね。つまらない奴，と思われますね。
　質問する人の身になってみれば，
「僕なら白亜紀後期の北米大陸に行って，ティラノザウルスが歩き回ってる姿を見たいですね。」
なんていう具体的な答えを期待しています。
「清少納言の部屋の戸のすき間から"春はあけぼの…"なんて書いてる姿をのぞき見してみたい。」
なんていうのもいいですね。
　どうせなら自分らしい，楽しいことを書きましょうよ。

PART-2 〈第4講〉

例題 1 ――――――――――――――――――（中央大・商）

次の図から想像して，"Yes, I'm alone." の後にどのような話が続くのか，自由に英語で書きなさい。

"Yes, I'm alone."

問題の検討

問題は「自由に英語で書きなさい。」と言っていますが，語数の指定がありません。こうなると発想の勝負ですね。こういう1コママンガを cartoon と言います。ちなみに4コママンガは comic strip。

遠くにサボテンが見えます。砂漠ですね。メキシコ人風の男が，"Yes, I'm alone." と言っている。そりゃ，砂漠にいるんだから，そうでしょうね。では，男の話を想像して続けましょう。

生徒の作例

"Yes, I'm alone. I wanted to go to a city with my friends
　　　　　　　　　　　　　　　　① town
through a desert. However, while I rested and sleeped under
　　　② the　　　　　　　　　　　　　　　　　　③ slept
a tree, my friends started to city and left me alone. I don't
　　　　　　　　④ left for the town
know how to get a city. Please tell me the way to city."
　　　　　　　⑤ to the town　　　　　　　　　　⑥ the town

まず，内容の確認をしましょう。Yes, I'm alone. の次のI wanted to go ... through a desert. を見てください。男は友だちと砂漠を越えて街へ行こうとしてたんですね。しかし，However, ... and left me alone. を見ると，男が木の下で寝ていたら友だちが街へ行ってしまい，独り取り残されてしまった。最後は，「街への行き方を教えてください。」と言っている。

構成としてはいいと思います。しかし，この作例，文法の間違いが非常に多い。減点ばかりで点が残りません。間違いを一緒にチェックしましょう。

文法の点検

①は city ではなくて，ただ「人が大勢いる場所」を示す town のほうが自然でしょう。

②は冠詞の間違い。the desert に直してください。

③は活用が間違っています。sleep の過去形は slept でしょ。

④の started to city は「街に出かける」という意味のつもりでしょうが，違います。「…へ出かける」は leave for ... と言います。ここは left for the town となります。

⑤は to the town に，⑥は the town に直してください。

冠詞の使い方は難しいので間違いやすいのはわかります。でも，動詞の活用を間違ってはいけません。初歩的なミスはしないように。

もう1つ生徒の作例を挙げましょう。

PART-2 ＜第4講＞

生徒の作例

"Yes, I'm alone. I'm at a loss. <u>Where is here?</u> My horse <u>run</u>
① Where am I?　　　　　② ran
away leaving me. But it's not so bad for me. I can see tons of
stars. And luckily, I have enough water to survive a few
days. Please come to <u>took</u> me <u>until</u> dawn. Perhaps it will be
　　　　　　　　　　　③ take　　　④ by
hotter tomorrow."

文法の点検

①の Where is here?「ここはどこ？」はこう言いません。Where am I? です。「僕はどこにいるんだ？」という表現をします。

②の run は過去形 ran にします。

Please ... の一文は「朝までに僕を連れに来てくれよ。」という意味でしょう。③の took は原形 take に直します。

④「…までに」は until じゃなくて by です。until ... は「…までずっと」。by ... は「…までに」。例えば,

　　Wait until 3 : 00.（3時まで待ちなさい。）
　　Finish it by 3 : 00.（3時までに終わらせなさい。）

のように使い分けます。

以上，文法の間違いを直しました。次は内容を見ます。

論理の点検

My horse ran away leaving me. But it's not so bad for me.（馬が僕を置いて逃げた。でもそんな悪いことではない。）とあるので，これからひねりがあるのかな，って期待しますね。I can see tons of stars. の tons of ...（何トンもの…）なんておおげさに言う感じは面白いですね。

さらに,

> And luckily, I have enough water to survive a few days.
> (そして運のよいことに，数日間暮らせるだけの水が十分ある。)

もいいですね。enough ... to ～（～するには十分…だ）という型をちゃんと使えています。問題はこの後なんですよ。

> Please come to take me by dawn. Perhaps it will be hotter tomorrow.
> (明け方までに連れに来てくれないか。たぶん明日はもっと暑いだろうから。)

砂漠だから昼は暑くなるでしょう。しかし，And luckily,... a few days. で，数日間暮らせると言っているのに，なんで明け方までに連れに来てくれって頼むのか？ つじつまが合いませんね。楽しんで書いている感じがしたのに，この終わり方は残念です。

　生徒の作例はここまでにして，合格答案を見てください。例えばこういう書き方もあります。

> "Yes, I'm alone. And I feel deserted. My heart is dry and barren."　　(13 words)
> (うん，1人だ。取り残されたみたいだ。僕の心は乾ききって不毛だ。)

「え?! これが正解？」って思うかもしれないけれど，こんなのもあり，ってことね。deserted に注目してください。desert には意味が2つあるんですよ。名詞で「砂漠」。動詞で「置き去りにする」。1つの語に意味が2つあることを

double meaning と言います。

そして dry（乾燥した）と barren（不毛な）は desert（砂漠）を一般的に描写している言葉ですね。「心が乾ききってすさんでいるんだ。」と男が砂漠で言っているからおかしいんです。

まあ，こんな double meaning はこの手のマンガの定番なので，一応やってみました。こういうのが好きな人はアメリカの cartoon 集で練習してください。

Double Meaning「funny」

「ウエイター！」

「このスープ味がおかしいぞ」

「じゃあどうぞ，笑ってください！」

funny＝①妙な ②滑稽な

例題2 ──────────────────────────── (広島大)

タイムマシンが作られたとします。あなたはそれを使って何をしたいですか。その理由とともに，80語程度の英語で書きなさい。コンマやピリオドなどは語数に含めません。

問題の検討

　このタイプの問題はよく見ます。タイムマシンによる移動ですから，行き先は future（未来）か past（過去）のどちらかしかないわけです。

　'Back to the Future' という映画がありますね。Part 1 は主人公が親の青春時代まで戻ってしまって，若い自分の母親に会ってしまうんだよね。そして母親が自分に恋しちゃう，という微妙な話になるんですが。こういうのを time paradox（タイムパラドックス）と言うんです。こんなこと思いつくと面白い解答を書けそうですが，でもあまり野心的なことは避けたほうがいいかな。

　単純にいきましょう。例えば，タイムマシンで過去に戻りたい。その理由はこう。これとこれとこれをしたい…と具体的に書いてください。

```
タイムマシンで_____をしたい。
　なぜなら_____ ex) 1._____
                   ex) 2._____
```

　なーんだ，面白くないなあ，って思うでしょう。いいんですよ。面白がらせている場合じゃないんです。こういう単純なパターンをまず書けるようになりましょう。必要なところは仮定法を使ってください。では，生徒の作例から見ていきます。

PART-2 ＜第4講＞

生徒の作例

I would like to go back a week with this paper and tell me
① myself
the answer and question of this entrance examination. I
intensely want to be accepted by this university, because it is
② really would like to　　　　　　　　　　　　　　　　③ has been
my dream since my childhood to be a student at this
university.

I love Hiroshima univ, this city, people living here, the Carp
④ university
(Beat the Hanshin Tigers!), Hiroshima-yaki, and all the
things that belong to Hiroshima.

So I would never hesitate to use time machine for passing
⑤ a　　　　　　　　　　　　⑥ to pass
the exam if I had it. Are there any students who should be
⑦ one
accepted by this university except me?

文法の点検

①第一文の主語はIです。入学試験の解答と問題を持って一週間前に戻るのはI（私）ですね。そして, and tell me の主語もIです。「自分が自分に言う」んですよね。例えば,「彼女は自殺しました。」は She killed her. ではなくて, She killed herself. でしょう。同様にここは tell myself ですね。

②は「とてもこの大学に受かりたい」という気持ちを言いたいのでしょう。intensely は時間的に集中し凝縮した状態を表す言葉です。心の状態を表すのに適した言葉ではないんですね。ここは単純に really（本当に）でいいでしょう。さらに want to は would like to とも，よく言いますね。

③は時制に注意です。because 節の中に since my childhood（子どもの頃から）とあるので，子どもの頃から現在までの継続性を表現するには，完了形がいいですね。is を has been に直します。

④はちゃんと university と書いてください。作文の中での省略はやめましょう。

I love Hiroshima ... の文ですが，1つ1つ具体的なものを並べて，最後は and all the things とまとめています。これも1つの手ですが，

> I love everything about Hiroshima, such as the streets, people, the Hiroshima Carp and Hiroshima-yaki.

まずは大きく everything（すべてのもの）と言って，それから such as ...（...のような）と始めてその中身を具体的に並列すると，上手な英語になります。

⑤の time machine は数えられる名詞なので，a time machine にします。

⑥の for passing は to pass にします。何かを実現したいと表現するには to ... のほうが，直接的なニュアンスが出るんです。I want passing. でなく，I want to pass. と言いますね。

⑦は「そのタイムマシン」でなく，「どのタイムマシンでもいいけれど」ということだから，it を one に直しましょう。

PART-2 <第4講>

生徒の作例

<文法が直された作例>

I would like to go back a week with this paper and tell myself the answer and question of this entrance examination. I really would like to be accepted by this university, because it has been my dream since my childhood to be a student at this university.

I love everything about Hiroshima, such as the streets, people, the Hiroshima Carp and Hiroshima-yaki.

So I would never hesitate to use a time machine to pass the exam if I had one. Are there any students who should be accepted by this university except me?

論理の点検

文章はすっきり単純に.

第1文の I would like to go back ... this entrance examination. は，ちょっと複雑な気がします。「僕」が一週間前に戻って，その時点の「僕」に試験の解答と問題を渡して…，って何だかスッキリしないよね。「僕A」が「僕B」に会うなんて，タイムマシンにはそんな力はないと思う。もっと単純化しましょう。例えば，

I would like to travel to the day of the entrance examination and learn what the examination is like.

（私なら入学試験の日に行って，試験がどんなものなのかを知りたい。）

travel to ... の後は普通，the place のように場所が来るのですが，タイムマシンに乗って移動するから the day でいいでしょう。この文なら話が複雑になりませんね。

Imagine !

　次は最後の文，Are there any students who should be accepted by this university except me? です。
　訳すと「この大学に受かる人は私を除いているでしょうか？」です。おかしいですね。そりゃ，受かる人はいるでしょう。定員 200 人ならば自分を除いて他に 199 人の合格者がいるわけです。
　もしかしたら，「私ほど，この大学に入りたい人はいるでしょうか？」と言いたいのかな？　だとしたら，

Is there anyone that is more eager to be accepted (than I) by this university?
（私以上にこの大学に入りたい人がいるでしょうか？）

　than I は省略してもかまいません。気をつけてほしいことは more を付けること。もし，これがなければ，「この大学に入りたい人なんているんでしょうか？」という意味になってしまいます。
　しかし，文そのものは，僕は好きです。どうしても入りたい，という熱意が伝わってくる。心情あふれる文ですね。
　では合格答案を見てみましょう。

PART-2 <第4講>

合格答案

I would like to go back centuries and see famous battles in the Ancient and Middle Ages, such as Caesar's conquests, the battle of Hastings, the battle of Sekigahara and the Crusades. Modern wars and battles are generally well documented in photographs and films. But we have to imagine battles that took place centuries ago only from written words and a few remaining pictures. If I could see those battles with my own eyes, it would greatly improve my understanding of history.

(82words)

(私だったら何世紀もさかのぼって、古代や中世の有名な戦いを見たいと思います。シーザーのガリア征服やヘースティングズの戦い、関ヶ原の合戦や十字軍戦争などです。現代の戦争や戦闘は概して、写真や映画によく記録されていますが何世紀も前に行なわれた戦闘は文字の記録と、残された数少ない絵から想像するしかありません。もしもこうした戦闘を自分の目で見ることができたら、歴史の理解を大いに向上させてくれるだろうと思います。)

まず、I would like to go ... and Middle Ages, と自分のしたいことを書いています。時代を大雑把に3つに分けると、Ancient times（古代）、Middle Ages（中世）、Modern times（現代）と言いますね。such as 以降は見たい戦いを具体的に述べてますね。Caesar's conquests はシーザーがブリテン島まで遠征した戦いです。the battle of Hastings はノルマン人によるイングランド征服の「ヘースティングズの戦い」。この辺は世界史で習っているかな。the battle of Sekigahara は「関ヶ原の戦い」。これは日本史か。Crusades は「十字軍」です。世界史の本にあるような戦いを英語で書けないならば、Sekigahara や Okehazama（桶狭間）だっていいと思います。

Modern wars and battles are generally well documented in photographs and films. は「現代の戦争は一般的に写真や映画で記録が残されている。」という意味です。document を「記録する」という動詞として使っています。

But we have to ... remaining pictures. の文の took place は「行なわれた」ですね。take place は何かが「起こる，行なわれる」と言うとき全般に使われる便利な表現です。written words は「文字」のことですね。a few remaining pictures は「数少ない残っている絵」です。

最後は，If I could see those battles with my own eyes,（もし，自分の目でそれらの戦いを見ることができれば）と書いて，it would greatly improve my understanding of history は「歴史の理解に大いに役立ってくれることでしょう」と結んでいます。

●本番はこんな具合で

合格答案は次のような筋になっています。

私は古代，中世の戦いを見たい
　↓
戦い①　戦い②　戦い③　戦い④（←具体例）
　↓
現代の戦いは…記録が残されている
　↓
古代，中世の戦いは文字や絵から想像するしかない
　↓
もし，自分の目で見られたら，歴史の理解に役立つ

わかりやすい筋をすぐに考えられるように練習してください。

PART-2 <第4講>

表現のアドバイス

like みたいな？

p.116 20行目の what the examination is like（試験がどのようなものか）のような what ... is like は、「…はどのようなもの」という意味で、いろいろと使える表現です。例えば、

> What is he like?
> （彼，どんな人？）
> What is the North Pole like?
> （北極ってどんなところ？）
> I would like to know what the world was like two thousand years ago.
> （2千年前の世界がどんなふうだったか知りたい。）

など、いろいろと応用がききます。

a ＋ 名詞 ＝ one

さて、先ほどの生徒の作例で it を one に直しましたね。(→ p.115) it と one の説明を詳しくしましょう。次の会話を見てください。

> A : I have a Mercedes.
> B : Oh ? I have it, too.

Mercedes はメルセデスベンツ社のベンツのことね。アメリカ人は車のベンツをメルセデスとよんでます。この会話文ではAが「僕はベンツを持っているぜ。」と自慢するとBが「へぇ？　オレも持っている。」と言ってるんですが、it と言うから、1台のベンツをめぐってケンカになるでしょうね。

Aが「ベンツを持っている」と言ったら、Bが「それ (it) オレも持っている。」と言っていることになるんですよ。it

は完全に同一のものを指しているんです。Bが「オレも1台持ってる」と言いたければ I have one. と言わなければいけません。it は完全に同じもの，one は「a＋同じ名詞」，つまり a Mercedes ですから別のベンツになります。

the ＋ 名詞 ＝ that

> The population of Indonesia is larger than Japan.

は一見正しい文に見えますが，よくない英語なのはわかりますね。比較するものが「インドネシアの人口」と日本（という国）と，ずれてしまうからダメなんです。Japan を the population of Japan にすればいいわけですが普通，the population を繰り返すのを避けて，

> The population of Indonesia is larger than that of Japan.

とします。

　a が他にも存在するうちの1つであるのに対し，the はただ1つですね。「日本の人口は実は2つあるんですよ。表では約1億3000万と言い，裏では約3億なんだって。」ということはあり得ないでしょう。だから population には the が付きます。そして，「the ＋名詞」は that に置き換えられると考えてください。

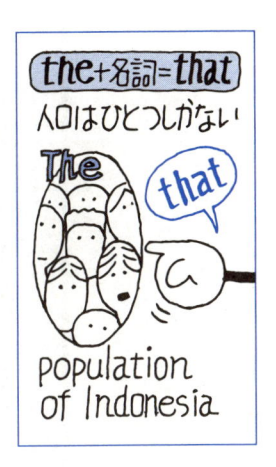

COLUMN
「いやでもやる」の効用

　『TIME Capsule』という雑誌の仕事で週刊誌『TIME』の翻訳を10年間やりました。毎週一度編集部に行って朝10時から夜8時くらいまで記事を6本から10本和訳するのですが，これはものすごく勉強になりました。解説記事を書くアメリカ人スタッフが数人いるから，わからないことは何でも聞けるのです。

　スタッフの中でもすごかったのがニューヨーク出身，U.C.バークレーの大学院で哲学・美学を専攻していたジョー・ラペンタ。「これ何かの引用らしいんだけど…」などと聞くと「あ，それはシェークスピア。」「それはジョイス。」とすぐに答えてくれます。インテリっていいなあ，と思いましたね。何しろ本の読み方が半端じゃないんです。僕はまねをして激しく本を読もうと思い立ち，翻訳の仕事以外にもできるだけ幅広く読むようになりました。雑誌がつぶれてそのチームは解散してしまいましたが，ジョーとのつき合いは続いています。僕は本が読めるようになり，今もかなり大量の本を読んでいます。読むものの3分の2ぐらいが英語でしょうか。

　仕事っていいなあ，と思います。仕事だからいやでも読む，まわりの人に負けたくないから勉強する。で，知らないうちに前に進んでいます。趣味で英語をやっていたらたくさんの本を読めるまで行かなかったのではないかと思うのです。

　そういう意味では受験勉強もいいですよ。知らないうちに前に進んでいるんですから。

第5講

Describe it!

第5講は「絵やテーマについて説明する」タイプの問題に取り組みます。この手の問題を見ると想像力をふくらませることに執着しがちです。しかし本当に必要なのは，与えられたデータをきちんと整理する能力なのです。

PART-2 〈第5講〉

第5講のテーマ　「描写しなさい」≒「説明しなさい」

　第5講のテーマは Describe it！（描写しなさい）です。
　わかりにくいことを易しく説明する，あるいは理由を説明するときには explain という語を使います。それに対し，あるものがどのようであるか，その状態を言葉で描くのが describe です。

例　The term 'harmony' is often used to describe the Japanese society.
（「和」という言葉は日本の社会を描写するときによく使われます。）

　term はだいたい word と同じ意味です。この文の内容は，日本の社会を説明するときに出てくる単語が「和」である，ですね。こういうときに describe が使われます。また，ものの本質をはっきりと言葉で規定することは definition（定義）といいます。動詞形は define です。

●一番大事な部分から説明しよう

　では，「説明しなさい」という案外幅広い注文にどのように取り組めばいいのか。

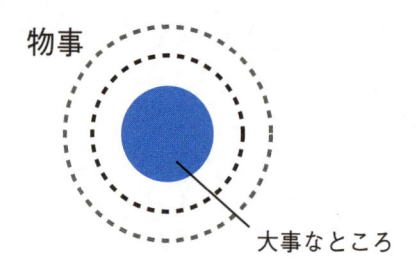

　物事には一番大事な部分とその次に大事な部分，そして取るに足らない部分があると思います。相手にわかりやすく説明するには，一番大事な部分から説明するべきです。ところが大事ではない部分（上の図でいう一番外側の円）から説明

Describe it !

してしまう人がいます。

例えば，calamari（カラマリ）というイタリア料理があります。僕は食べたことがあるんですが，友だちに「それ，何？」と尋ねられて（要するに「描写して。」と言われて），
「衣がうまいんだよ。結構サクサクして香ばしい。」
なんて答えちゃうのがそれに当たります。
「calamari は要するにイカのことなんだ。イタリア料理店で calamari と言えば，輪切りにしたイカに衣を付けて揚げた料理のことで，レモン汁をかけて食べるんだよ。」
と言えば，
「あぁ，calamari ってイカのリングフライに似てるんだね。」
とわかってくれそうです。

以前英作文の問題で「七夕を説明しなさい。」という問題が出題されました。これに対して「七夕の日は浴衣に着替えて，短冊に願いごとを書いて…」と答えてはダメだと思います。「七夕」を全然知らない人にわかるように Japanese festival だということや legend of two stars representing lovers（恋人たちを表す星の伝説）にもとづいたものという七夕そのものの中核となることから説明すべきで，短冊なんかは後回しにすべきでしょう。

大事なところ（中核）から外側へ，ということを意識してください。

PART-2 ＜第5講＞

例題 1 ─────────────────────────（早稲田大・法）

指示に従って英文を書け。

Write a paragraph in English to explain simply what the picture shows.

問題の検討

絵を英語で説明する問題です。では，絵を見てください。

　絵の中核となることから注目しましょう。子どもたちが並んでバスに乗ろうとしています。子どものそばに大人がいますね。先生でしょうか。バスの中にはヒゲをはやした運転手らしい人がいます。他に，目立つところはありませんか？

　列の真ん中の子どもが何か落としています。三角形に見えるものはサンドイッチでしょうか。落としたものは弁当箱のようです。これはこの絵の中核的な部分とは言えなくても重要な「事件」ですね。

絵を説明する問題は目立つことをチェック。

Describe it !

> Some children are going to take a bus. A woman is taking
>   ① board a/the
> care of them. A man is standing in the bus. One girl is
>   ②
> dropping her fruits. Other children is sitting in the bus.
>   drops   ③ fruit   ④ are

文法の点検

　この作例を書いた生徒は，先生のことを女性だと思ったみたいですね。僕は男性だと思っていた。内容を見ましょう。

　先生が子どもの面倒を見ている。バスの中に人がいる。生徒の1人がフルーツを落とした。バスの中に座っている子どもがいる。

　内容はいいと思います。ただ，文法の間違いが目立ちますね。直しましょう。

　①の take a bus は間違いではないんですが，ちょっとニュアンスがずれています。例えば，「あなたはどうする？歩いて行く？」と聞かれて「いや，バスに乗る。」と答えるときは take を使います。今乗ろうとしているときは，take a bus とは言いません。get on a bus あるいは board a bus と言います。飛行機に乗ったことがある人は boarding pass（搭乗券）を知っているでしょう。座席の番号が書いてあるチケットです。board という言葉はこんなところにも使われています。①を直すと，

> Some children are going to board a / the bus.

　A woman is taking care of them.（女性が子どもたちの世話をしている。）は OK です。あるいは，

127

A woman is seeing after them.

としてもいいでしょう。

　②は「フルーツを落としている最中だ」と正しくその通りに書いていますが，一般的に動作の描写を続けて書くときはOne girl drops her fruit.と現在形で一貫させます。

　③のfruitsはfruitと単数形にするのが普通です。野菜はvegetablesと複数形にしますが，果物はしないことが多いんです。

　④は主語のchildrenが複数形だから，areにします。

The picture shows that many junior students are getting into
　　　　　　　　　　　　　　　① schoolchildren　　　　　　　② on
the school bus with their teacher taking care of them.

文法の点検

　①のjunior studentsは中学生のことでしょうか。間違いです。中学生はjunior high school studentです。小学生はschoolchildと言います。

　②はintoよりonのほうが普通です。

● 「事件」を描写する

　この作例は文法の間違いが少なかったのですが，内容的に足りない感じがします。子どもたちは普段と変わらずにバスに乗ろうと並んでいますが，その中で1人の子どもが弁当箱を落とすという小さな事件があったわけですよ。これはやはり解答に入れるべきですね。

　もう1つ生徒の作例を見ましょう。

Describe it !

> A man is trying to make children get on the school bus. One
> ①The teacher is watching
>
> of them dropped her lunch box and all her food is scattered
>   ② drops
>
> around her.

文法の点検

①の A man is trying to make children get on the school bus. に注目です。make は「むりやり人をある状態に作り上げる」という意味で強制的なイメージの単語です。さらに主語が A man なので，「1人の男が子どもたちをむりやりスクールバスに乗せる」ととらえられて，思わず「誘拐か？」と勘違いされかねません。こう直しましょう。

> The teacher is watching children get on the school bus.
> (先生がスクールバスに乗る子どもたちを見ている。)

主語は A man じゃなくて The teacher のほうがいいですね。

②は描写なので，現在形 drops にしましょう。

最後の all her food is scattered around her はいいですね。scatter はものがパラパラ広がるイメージです。「彼女のまわりに食べ物がパラパラ散らばっている」と上手に表現されています。

では，合格答案で確認しましょうか。

PART-2 <第5講>

合格答案

> Schoolchildren are boarding a bus in a line. The teacher is watching them by the door. A girl drops her lunch box and food is scattered on the sidewalk. (29words)
>
> (小学生が並んでバスに乗ろうとしています。ドアの脇で先生が見ています。1人の女の子がランチボックスを落とし、お弁当の中身が歩道に散らばってしまいました。)

line は「列」です。この単語の意味は幅広い。本の一行の「行」も line と言うし，東海道線の「線」も line です。人が並んでいるのも line です。行列を作っている人に対して，

Are you standing in a line?
(ここに並んでいますか？)

なんて聞いたりします。

A girl drops her lunch box and food is scattered on the sidewalk. と，ちゃんと目立ったことが書かれていますね。すべて現在形できちんと描写されています。

「～させる」は make とは限らない

「子どもをバスに乗せる」は make children board the bus ではありません。see/watch children board the bus、あるいはもし手助けをしてやるのだったら help children board the bus です。make は強制的な意味合いを持っていて，

He made children work for twelve hours a day.
(彼は子どもたちを1日12時間も働かせた。)

などと言えば，聞いた人は「なんてひどいやつだ」と思うわけです。

一方，「好きなようにやらせる」ときにはletを使います。

Let him do what he likes to do.
（やりたいことをやらせてあげなよ。）

という具合です。

ちょうどmakeとletの中間に当たる，つまり，人に頼んでやってもらう感じがhaveです。

I'll have my son carry your luggage.
（息子に荷物を持たせましょう。）

この辺の区別，頭ではわかっている人が多いのに，実際使う場面になるとすぐにmakeと言ってしまうのは，実感できてないからでしょうね。上の例文でニュアンスをつかんでください。

PART-2 <第5講>

例題 2 ——————————————————（青山学院大・文）

次の設問について，50語程度の英文を書け。
Describe the most important difference between your parents' generation and yours.

問題の検討

問題の主旨は，「あなたの親の generation（世代）とあなたの generation の違いを描写しなさい」ですね。例題1の絵の説明をする問題とはずいぶん勝手が違いますが，これも description（描写）の種類の問題です。

生徒の作例

It is experiencing the war or not. My parents were attacked by the U.S. They hated the country. But I was not attacked by the country. So I liked the country. I liked American music. I didn't experience fighting with an army. This is an important difference.

論理の点検

It is experiencing the war or not.を見てください。これは，戦争を体験したかどうか，と言いたいのでしょうか。まるで現在進行形に見えるから「それは戦争を経験している」と読めてしまいます。

The main difference is the experience of war.
（主な違いは戦争の体験にあります。）

とするか，あるいはもっと丁寧に，

The main difference is that my parents'

generation has the experience of war.
（主な違いは，親の世代は戦争の体験があるという点です。）

とします。

　続きの My parents ... から So I liked the country. まで見ると，親はアメリカと戦って，アメリカが嫌いになった。自分は戦っていないからアメリカが好き，という内容です。

　I didn't experience fighting with an army. の an army はどこでもいいどこかの軍隊でしょうか。アメリカ軍のことでしょうから，the American army と書くべきです。

　また，第3文の They hated ... は They hate ... に，第5文と第6文の I liked ... は I like ... と現在形にすべきです。

●本当のことを書いていますか？

　文法的な間違いはさほど多くありませんが，この作例にあまり高い評価は付けられません。なぜなら，事実と違うことを書いているからです。本当に皆さんの親の世代は戦争に行ったり，アメリカ軍と戦ったりしたのでしょうか？　違いますよね。戦ったのは皆さんの親よりもう1つ上の世代です。事実と違うことを書くのはまずいな。

　もう1つ。アメリカと戦ったことがないから私はアメリカが好き，というのはあまりに単純すぎませんか？

　次の作例はどうでしょう。

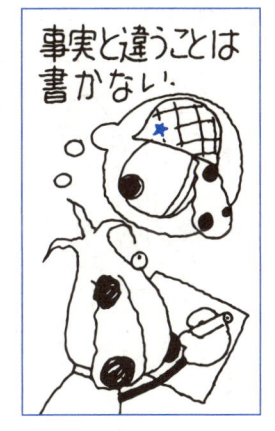

PART-2 ＜第5講＞

生徒の作例

The most important difference between our parents' generation and ours is in the amount of information. <u>We can get much more information in our generation than in our parents'</u>① thanks to the rapid progress of science. <u>The information spread anywhere</u>② and we, our generation, <u>live with surrounded by much information</u>③.

文法の点検

過去と現在「時制」でハッキリ対比.
「以前はこうだったが」「今は…」

　第1文の The most important ... という書き出しはいいですね。「親の世代とわれわれの世代の最も重要な違いは情報量にあります。」と明快です。
　①の文は文法的には正しく書けています。We can ... in our generation than in our parents'と，「われわれの世代において」と「親の世代において」を正しく比較しています。しかし，より厳密に言うと少し問題がある。「われわれの時代 (times) において，われわれは」ならいいのですが，「われわれの世代においてわれわれは」は少し妙なのです。「generation (世代)」は時代と違って，人間の集団だからです。だから「この現代においてわれわれは」とは言えるけれど「この世代においてわれわれは」ではなく「われわれの世代は」と言うのが正しいのです。この問題を避けるために，

　　Our generation has much more information than our parents did
　　（われわれの世代は親たちよりもはるかに多くの情報を持っている）

としましょう。
　than our parents did というスタイルは

> The test was more difficult than I had expected.
> （テストは思ったより難しかった。）

とか

> Most women have less children than their mothers did.
> （ほとんどの女性は母親の世代より産む子どもの数が減っている。）

のように，よく見かけます。だんだんに自分でも使えるようになってください。
　②の The information spread anywhere は「情報はどこにでも広がり」という日本語の直訳ですね。

> The news spread.
> （そのニュースは広まった。）

は自然な英語です。が，ここで言いたいのは「その情報が広まった」ことではないでしょう。それから anywhere は「限定なしにどこでも」という意味で，

> You can go anywhere you like.
> （どこでも好きなところへ行きなさい。）

なら自然ですが，「どこへでも広まっていく」は事実と違う気がします。本当に言いたいことは，

PART-2 <第5講>

> Information is readily available thanks to the new technology, such as the Internet.
> (インターネットのような新しい技術のおかげで，情報はすぐに入手できる。)

ということだと思います。

③の部分はちょっとひどいですね。文の形ができていません。

we, our generation, live with ... の with の直後は当然名詞でなければならないのに surrounded といきなり動詞の受身形（分詞）が来ている。こんなパターンは考えられません。単純に，

> We are surrounded by a lot of information.
> (われわれはたくさんの情報に囲まれています。)

で十分です。we の後の our generation はわざわざ言わなくてもわかりますから，取っちゃいましょう。

●Think Hard!（よく考えよう！）

今の作例は最初の作例よりはるかに評価が高いと思います。でも，内容をもう一歩深く考えてほしかった。情報に囲まれているのは皆さんの世代だけではありませんね？ 親の世代だって囲まれているでしょう。一緒に生きているんですから。これがもし，19世紀の人間と皆さんの世代だったらもっと違いますけれど。同時代ではないわけですからね。むしろ差は，情報量じゃなくて，その収集法と利用法にあるんじゃないかな？ Think Hard！（よく考えよう！）

次は合格答案です（語数に気をつけてね！）。

Describe it !

合格答案

> I think the most important difference is attitudes toward work. People of my parents' generation take work very seriously and many have a strong sense of belonging. They think they each belong to an organization and devote themselves to it. On the other hand, younger people are more independent of organizations and move from one job to another more easily. Some even prefer a part-time job to full-time employment.
>
> (69words)
>
> (一番大きな違いは仕事に対する姿勢だと思います。親たちの世代は仕事を非常に真剣に考え，多くの場合，帰属意識が強いと思います。自分は組織に属していると考え，献身的です。それに対し，若い人は組織にあまり縛られずにもっと気楽に転職します。正社員よりフリーターを選ぶ人すらいます。)

attitudes toward work は「仕事に対する姿勢」です。take ... seriously は「…を真剣に受け止める」という意味です。また，a sense of belonging は「帰属意識」です。a sense of ... という表現は使えますよ (→ p.91)。

第3の文の They think they each belong to an organization and devote themselves to it. 。彼らは組織に所属し，献身的である，と書いています。devote oneself to ... は「…に自分をささげる」です。

次は On the other hand, (一方) とここから若者の話に移ります。younger people are more independent of organizations は「若い人は組織からもっと独立している。」move from one job to another (ある仕事から別の仕事へ移る) の another の後は job が省略されています。move from ... to ~ は応用のきく表現です。例えば，

　move from one country to another
　(ある国から別の国へ移住する)

a sense of belonging 〈帰属意識〉

a sense of smell 〈嗅覚〉

とか，書けますね。

最後のSome even prefer a part-time job to full-time employment.では，prefer ... to ~（~より…を好む）という表現が使われています。part-time jobは「アルバイト」のことです。常勤よりもアルバイトのほうを選ぶと言っています。「アルバイト」という言葉は英語じゃなくドイツ語ですね。

英語で「僕はバイトをやっているんだ。」は，

I have a part-time job.

最後に英文の構成を確認です。まずは，親の世代のことを言っています。そしてOn the other hand, （一方）の後は，若者の世代が組織から独立し仕事を変えやすい，常勤よりもアルバイトを好む人がいる，と親の世代との対比が書かれています。わかりやすく構成された英文ですね。

例題2の作例は展開にやや難はあるにせよ，「大事なところから書く」という原則を守っていて，いいと思いました。

「親の世代との違いは？」に対して「戦争体験です」「情報量です」はまともな答えだと思います。「髪型が」とか「乗っている車が」じゃまずいですよね。

第6講

Get Things Done !

文書など実用的なもの ばまねることから

Get Things Done. は「ものがなされた状態を手に入れろ。」という意味です。要するに用事が済まされればいい。第4講 Imagine！や第5講 Describe it！は多少は想像して解答することがあったでしょう。対して今回は非常に現実的なテーマです。よい英語を覚えて自分のものにし，テーマに合わせてアレンジできれば，楽勝です！

PART-2 〈第6講〉

第6講のテーマ: 現実的な作文

●非常に現実的なテーマ

さて，第6講のテーマはGet Things Done!です。他の言葉でDo Things.と言ってもいいと思いますが，意味をきちんと確認すると，

Get Things Done. ≒ Do Things.
（ものがなされた状態を手に入れろ。） ≒ （ものごとをやれ。）

違いはわかりますか？ Do Things. は自分でやるのですが，Get Things Done. はともかく用事が済まされればOKなんです。今回のテーマではcreativity（独創性）やindividuality（個性）を発揮する余地はあまりなさそうです。

日常生活でも決まりごとの世界ってありますね。例えば，客がお店に入れば，店員は「いらっしゃいませ。」って言うでしょ。いきなり「カツ丼うまいぞ！」なんて言いません。また，皆さんは将来，ビジネスレターで「拝啓　貴社ますますご清栄のこととお喜び申し上げます。」なんて書くかもしれません。「何で勝手に『喜ぶ』んだよ？」なんてだれも言いません。逆に，ビジネスレターで「元気〜？　注文お願いしますね♡」なんて書いたら取引先がなくなります。

書類・手紙など，実用の世界にはルールやマナーがあります。

Get Things Done!

●よい英語をまねする

次のことを意識して今回のテーマに取り組んでください。
 ・Practical（現実的）に書く
 ・よい英語を覚え，テーマに合わせてアレンジする

　道順を教えたり，手紙を書くといった問題は，用事が済まされ結果が出ればいいんです。道案内ならば現実的に相手に道順を伝えないと，相手はゴールへ到着できない。また，たくさんの情報を与えすぎても失敗します。

　こういう問題の対策として，相手にわかりやすい，よい英語の書き方を覚えて問題のテーマに合うようにアレンジしてください。

相手にわかりやすい——これが第一です。

PART-2 <第6講>

例題 1 ――――――――――――――――――――――（山口大）

あなたは友人の Cathy にパーティの招待状を書いている。地図をもとに矢印に従って，あなたの家までの道順を英語で説明せよ。

April 24
Dear Cathy,
　I'm having a party at my new house. It's going to be Friday, May 8 at 6:30. Can you come? Here are the directions.
　When you get off the bus at College Street, keep going until ＿＿＿＿＿＿＿＿.
　I hope you can make it. Please call me (527-4819) if you can't come.

問題の検討

When you get off the bus at College Street, keep going until と書き出しが指定されています。こういう地図の問題は1回練習してその書き方を覚えてください。同じようなタイプの問題が出たら，自信をもって書けるはずです。ポイントは目標物の名前をきちんと入れて，現実的に書くことです。

生徒の作例

When you get off the bus at College Street, keep going until you reach the second corner. And turn left and go straight until you across the bridge. Then turn right and go straight
　　　　　　　　　① cross
until you pass the church. Then turn left and you can find my house.

文法の点検

①は cross the bridge に直してください。「渡る」という動詞は across ではなく cross です。

Get Things Done !

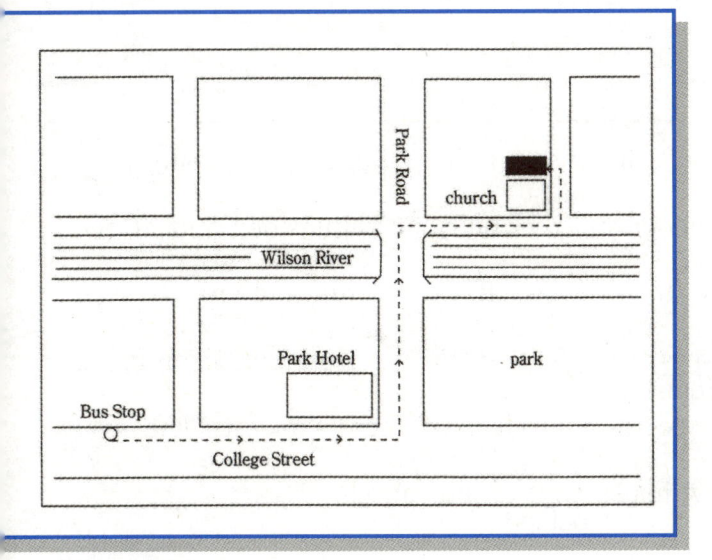

> 論理の点検

　you reach the second corner を見てください。the second corner（2つ目の角）はどこでしょう。Park Hotel の角かな。せっかく Park Hotel があるのに書かないのは不親切ですよ。「2つ目の角」より目標物の名前を入れたほうが断然わかりやすい。

　次の And turn left and go straight until you cross the bridge. は「そして左へ曲がりまっすぐ行って橋を渡ってください。」です。Then turn right and go straight until you pass the church. は「右に曲がって教会を行き過ぎる。」で，Then turn left and you can find my house. は「左に曲がれば私の家があります。」と書いてあります。

　後半も文法的な間違いはないのですが，目標物の名前が書かれていませんでした。地図に明記されている Park Hotel や Park Road という名前を入れたほうが相手は迷わないと思います。そういう点でこの作例は減点されてしまいます。

PART-2 ＜第6講＞

生徒の作例

When you get off the bus at College Street, keep going until you ~~will~~ see the Park Hotel on your right side. And at the
① ② left
first corner ~~you~~ turn to the left. Go straight and cross Wilson
③
River. After cross the river, ~~you~~ turn to the right. Keep going
④ crossing ⑤
until you ~~will~~ see the church. And there ~~you~~ turn left. You
⑥ ⑦
will see my new house next to the church.
⑧ behind

▶ **文法の点検**

①の will は不要です。until や when, before が導く節の中で will は使いません。節の中は現在時制にします。

②の side は不要。それから Park Hotel は right（右側）にはありませんよ。left に直しましょう。

③は命令文ですね。基本的に you は必要ありません。よほど語調を強めたいときに you を入れることはあります。例えば，

　You stay with me!
　（お前は俺と一緒にいるんだ！）

のように。同じ理由で⑤と⑦の you は取ってください。

④は前置詞 after の後ですから動名詞 crossing に直します。

⑥は①と同様に不要です。

⑧はよく地図を見てください。曲がり角から見ると，家は教会の裏に位置してます。next to を behind に直したほうがわかりやすいでしょう。

Get Things Done!

論理の点検

　この作例の内容を簡単に（2行目から）言うと，「Park Hotel が左に見えて最初の角を左に曲がって，Wilson River を渡ったら右に曲がってまっすぐ行くと教会が見えて，そこを左に曲がると，私の家です。」となります。

　どうですか？　右に曲がれ，左に曲がれと言いすぎだと思いませんか？　抽象的な情報をたくさん与えすぎても，逆に目的地が見えなくなります。名前がわかるホテル，通り，川を軸にすれば，もっとシンプルに道案内できるはずです。

　では，合格答案を見てください。

　　When you get off the bus at College Street, keep going until you see the Park Hotel on your left. Turn the corner at the hotel, go down Park Road, and cross the bridge over Wilson River. Then turn to the right and you will see a church. My house is right behind the church. (55words)

　（カレッジ・ストリートでバスを降りたらまっすぐ行くと左手にパークホテルが見えます。ホテルのところの角を曲がってパーク・ロードを行き，ウィルソン川の橋を渡ります。それから右に曲がると教会が見えます。僕の家は教会のちょうど裏手に当たります。）

　Turn the corner at the hotel は「ホテルがある角を曲がってください。」です。そして go down Park Road は「Park Road をどんどん行ってください。」とわかりやすいですね。

　例えばアメリカで道を尋ねると「～Street へ行ってください。」と道の名前を言われます。アメリカの街中にはちゃんと road sign があって道に名前が付いているから，便利ですね。ですから，英語で道を教える問題ならば，わかっている道の名前を書くといいと思います。

　cross the bridge over Wilson River で Wilson River が橋の下を流れていることがわかります。これは「Wilson River にかかる橋を渡ってください」という意味

145

です。

最後の My house is right behind the church.（僕の家は教会のちょうど裏手に当たります。）も使える表現です。

> 道案内の基本表現

道案内の表現の代表的なものを紹介します。基本的な表現ばかりですから，言えるようになっておいてください。

- 右に市役所が見えます。
  You'll see the City Hall on your right.
- そこの角を左へ曲がってください。
  Turn the corner to the left.
- 道を渡ってください。
  Cross the street. / Go across the street.
- 横断歩道を渡ってください。
  Cross at the crosswalk.
- その道をずっと行くと映画館が見えます。
  Go along the street until you see a movie theater.
- マクドナルドの隣りです。
  It's next to McDonald's.
- 地下鉄に乗って，空港から3つ目の駅で降ります。
  Take the subway and get off at the third stop from the airport.

Get Things Done !

例題 2 ——————————————（神戸市外語大）

スコットランドの旅行代理店へ，次の(1)～(4)の要旨を含む英文の手紙を書け。ただし，40 語程度の本文のみでよい。
(1) 夏休みを利用して行くこと
(2) 古い城を見物したいこと
(3) 主な城についての案内書を送ってもらいたいこと
(4) よい宿泊所を紹介してほしいこと

問題の検討

　一般的に英語の手紙の形式は，Dear ... で書き始め，Sincerely で結びます。この問題は，「40 語程度の本文のみ」を書くだけなので，Dear ... や Sincerely はいりません。

生徒の作例

I want to take a trip in a summer vacation. I want to look at
　　　　　　　　　　　① during the　　　　　　　　　② visit
an old castle. I want you to send me a pamphlet about famous
some old castles　　　　　　　　　③ pamphlets ④ of
castle. And please introduce me a good hotel.
④ castles　　　　⑤ recommend

文法の点検

①はよく見かける間違いです。in a summer vacation の in は during に直してください。それから a summer vacation を the summer vacation にしましょう。これから来る休みだとわかっているから the のほうが適当です。

②は look at でいいでしょうか。本当にお城を「見る」だけですか？　実際にそのお城まで足を踏み入れるつもりでしょう。だから，ここは visit（訪れる）に直します。基本レベルの単語ですから使えるようになりましょう。

また，古い城はいくつかあるでしょうから，an old castle を some old castles にしましょう。

③ a pamphlet は pamphlets に直します。複数形のほ

うが自然です。

④の about は of にし，castle は③と同じ理由で castles に直しましょう。

⑤を見てください。please introduce me a good hotel は「よいホテルを紹介してください」というつもりで書いたと思います。しかし，introduce（紹介する）は基本的に人間を紹介するときに使う動詞です。

Let me introduce my friend to you.
（僕の友だちをあなたに紹介しよう。）

「よいホテルを紹介してくれませんか？」は Would you recommend some good hotels? とします。

ただ，introduce の意味は「紹介する」だけではありません。「導入する」という意味で使うときは，目的語が「物」になります。

We are introducing a new computer system.
（当社では新しいコンピューターシステムを導入する予定です。）

次の作例を見ましょう。

I want to go to Scotland during my summer vacation. I would like to sightsee the old castles there. So please send me
　　　　① see some
pamphlets of the main castles and tell me about convenient hotels.

文法の点検 ▶

①名詞で「観光」は sightseeing ですが，動詞で「観光

をする」は see the sights (sight は名所) と言います。ここでは「名所」を見るのではなく「城」を見るのですから sightsee the old castles でなく see some old castles となります。

> 論理の点検

　tell me about convenient hotels の convenient hotels は「便利なホテル」という意味です。問題文には「よい宿泊所」とあるので good hotel でいいかと思うが,「よい」という言葉はあいまいです。超一流ホテルを望んでいるというわけではないでしょう。だから「便利な」としたのでしょうが，もしかしたら「安い，手ごろ」のほうが，言いたいことに近いかもしれません。それなら reasonably priced hotel でしょうね。

　もう1つ生徒の作例を見てみましょう。

　I am a student and planning to visit your country during this summer vacation. And it would be great if you could help me gather information of Scotland. The purpose of my visiting is mainly to see famous old castles, so could you please send me a guidebook of those castles?
　Also, if you can give me some information about reasonable hotels, that will be very helpful.

　この作例はものすごくうまいね。I am a student and planning to visit your country during this summer vacation. と，夏休みに旅行を計画していることを書いています。

　The purpose of ... の文の see famous old castles, を見てください。一番最初の作例では「お城を見る」ことを look at an old castle と書いていましたが，look at よりも see のほうがふさわしい動詞です。

　締めの文の reasonable hotels は，厳密には reason-

PART-2 ＜第6講＞

合格答案

ably priced（常識的な価格の）でなければいけません。
これをさらに読みやすくした合格答案を見てください。

> I'm planning to travel in Scotland during my summer vacation. I'm particularly interested in old castles, and I believe pamphlets of castles would be of much help. Would you send me some? Also I need information about reasonably priced hotels. Thank you.
> (42words)
>
> （夏休みにスコットランド旅行を計画している者です。特に，古城に興味がありますのでそのパンフレットがいただければずいぶん助けになると存じます。送っていただけませんでしょうか。また，手ごろな値段のホテルの情報も望んでおります。よろしくお願いします。）

「would」を使うとていねいで柔らかな文体になる。

英語の手紙の鉄則は
・用件をはっきり書く。
・やたらに遠慮した書き方をしない。しかし，
・丁寧に書く。
ということです。

上の手紙でも自分の予定・関心と，それについて依頼したいこと2点が簡潔に記されていて，しかも would という助動詞を使うことで柔らかな，丁寧な文体になっています。

それから最後の Thank you. は日本語の「よろしくお願いします。」と同様，結び文句によく使われる便利なものです。

Get Things Done !

表現のアドバイス

今回は set phrase, いわゆる「決まり文句」の使い方にちょっとアドバイスをします。

set phrase の用法に注意

例題2の問題文で「夏休みを利用して行くこと」という部分がありました。これを見て,「夏休みを利用して旅行する。」という一文を書こうとした人もいると思います。そんなとき, take advantage of ... (…を利用する) という決まり文句を知っている人は使いたくなるでしょう。そして,

> I'm going to take advantage of the summer vacation and go on a trip.

と書くと, …何かちょっと変なんです。
take advantage of ... は,

> People try to take advantage of me.
> (みんな僕のことをいいように利用しようとする。)

とか,

> He took advantage of every opportunity.
> (彼はあらゆる機会を利用した。)
>
> I took advantage of my position to get some free tickets.
> (私は自分の地位を利用してタダ券を手に入れた。)

のように「何かの目的のために別のものを利用する」というニュアンスがあります。だから,

> I took advantage of Shinkansen to go to Kyoto. (私は新幹線を利用して京都へ行った。)

「セットフレーズ」の使い方に注意!
take advantage of...
「…を利用する」
何かの目的のために別のものを利用するというニュアンスがある。

は，日本語にするとあまり違和感がありませんが，英語ではすごく変です。新幹線はそもそも京都へ行くために使う本来の手段なんですから。

I went to Kyoto by the Shinkansen.

でいいのです。同様に，

I took advantage of the night to sleep.
（私は夜を利用して寝た。）
I took advantage of the knife to cut the cake.
（私はナイフを利用してケーキを切った。）

はすごく変ですよね。take advantage of the summer vacation to travel が変なのは，夏休みって本来旅行や何かをするものだ，とみんな思ってるからでしょう。

　決まり文句を使うのは案外難しいんです。この日本語に当たる決まり文句はこれ，というふうに一対一で対応すると思いがちなのですが，この場合には使えるけれど，その場合には使えないということがあります。やはり辞書で（和英ばかりでなく英和で）用例を確かめながら書いていくしかないようですね。この辺は気長にやってください。

　以上，意見を述べ・想像し・説明し・用件を伝える練習をしました。それぞれの［枠組み］がわかっていただけたら，後は英語らしいものの言い方を覚え，内容のレパートリーを増やすことです。それが Part 3 です。Part 3 からどんどん盗んで，自分のものにしてください。

PART-3

もっと表現力をつける頻出構文，トピック別単語，答案例がここにある！

使える！
構文・フレーズ集／トピック別

Basic Sentence Structures

1. AはBだ ——————— p.154
2. 並べる ——————— p.156
3. 意見・感想を述べる ——— p.158
4. 〜を見ると〜がわかる —— p.160
5. 例を挙げる ——————— p.162
6. 理由を述べる ——————— p.164
7. 違いを説明する —————— p.166
8. 因果関係を述べる ————— p.168
9. 比較する ———————— p.170
10. find / make / let ——— p.172

Topics

1. 環境・エネルギー ————— p.174
2. 教育・学校・青少年 ——— p.176
3. 健康・食品 ——————— p.178
4. 日本社会 ———————— p.180
5. 科学技術 ———————— p.182
6. 医療 ————————— p.184
7. 政治・経済 —————— p.186
8. 職業・労働 —————— p.188
9. 大学・学問 ————— p.190
10. 国際関係 ————— p.192

153

PART-3 <構文集>

構文1 AはBだ

Sample

A proverb is an old, familiar saying that has been handed down over many years.
（ことわざは永年にわたって伝えられてきた，古い，聞き慣れた言い回しである。）

A (=) B
A proverb is an old, familiar saying that has been handed down over many years.

A proverb is a saying. が［AはBだ］という文の骨格をなしています。saying という名詞の前から an, old, familiar と3語が修飾し，後ろからは that から始まる関係詞節が修飾しています。

数回言って暗記しよう！

Exercises

1 次の語句を利用してSampleと同じ形の文を書きなさい。

Feminism / political / movement / works / achieve / equal rights / women and men

◀ movement that works …とします。workの意味上の主語は movement となります。

2 下線部に1語ずつ補って文を完成し，全文を書きなさい。

① トラックは荷物を運ぶように作られた自動車です。

A truck is a motor ＿＿＿ that is ＿＿＿ for ＿＿＿ loads.

◀「作られた」は is made より，is designed のほうがよい。

1. AはBだ

②経済学は人がどのように金を稼ぎ・使うか，ものを作り・売るかを研究する学問である。

Economics is the ＿＿＿＿ of ＿＿＿＿ people ＿＿＿＿ and ＿＿＿＿ money and ＿＿＿＿ and ＿＿＿＿ goods.

◀「学問」は study でよい。「金を稼ぐ」は earn / make money。

③進化とは世代が進むにつれて生物が進化する，つまり形態を変えていくプロセスを言う。

Evolution is the process by ＿＿＿＿ living things evolve, ＿＿＿＿ change form, from one generation to the ＿＿＿＿ .

◀ Living things evolve ... by the process. の, the process を関係詞にして一文につないだもの。この文では evolve という語をもっと易しく change form と言い換えています。単語を「つまり」と言い換える接続詞は or。

④空手は文字どおりには「手に何も持たぬ技」を意味するが，武道の中でもっとも広く行なわれているものである。

Karate, which literally ＿＿＿＿ "the art of ＿＿＿＿ hands," is the most widely ＿＿＿＿ of all the martial arts.

◀ literally とは「文字どおり」つまり「比喩でなく／言葉本来の意味では／直訳すれば」という意味合い。「行なわれる」は practiced。

Answer **1** Feminism is a political movement that works to achieve equal rights for women and men.
（フェミニズムは男女同権を達成しようとする政治的運動である。）

2 ① A truck is a motor vehicle that is designed for carrying loads.
② Economics is the study of how people earn and spend money and produce / make and sell goods.
③ Evolution is the process by which living things evolve, or change form, from one generation to the next.
④ Karate, which literally means "the art of empty hands," is the most widely practiced of all the martial arts.

PART-3 <構文集>

構文2 並べる

Sample

Parents have the responsibility to provide their children with food, shelter and clothing.

（親は子どもに衣食住を提供する責任がある。）

Parents have
the responsibility to **provide** ➡ their children with,
- food
- shelter

and
- clothing.

語句を並べるときには例えば，[名詞] と [名詞]，[to 不定詞] と [to 不定詞]，[前置詞＋名詞] と [前置詞＋名詞] のように，並べるものの形がきれいに整うようにします。箇条書きするときには and (or) は A, B, C, and/or D のように，and/or は最後に1つだけ。Cの後のカンマ (,) は付けないことも多いです。

数回言って暗記しよう！

Exercises

1 次の語句を利用して Sample と同じ形の文を書きなさい。

Coal / oil / natural gas / supply / modern civilization / most of its power

◀supply（供給する）の用法は provide と同様で，目的語は供給する [相手]。次に with [供給するもの]。

2 下線部に1語ずつ補って文を完成し，全文を書きなさい。

①地球の表面の4分の3近くは水である。その水の97パーセント以上が4つの大海にある。太平洋，大西洋，インド洋，北極海である。

2. 並べる

Water _____ almost three-_____ of the earth's _____. Over 97 percent of all this water is stored in the earth's four huge oceans: the _____ , _____ , Indian, and Arctic Oceans.

◀太平洋＝the Pacific Ocean, 大西洋＝the Atlantic Ocean

②生命科学には，動物を研究する動物学と，植物を研究する植物学とが含まれる。

The life sciences include zoology, which is the study of animals _____ botany, _____ _____ _____ _____ plants.

③国連の推計によると世界の人口は2002年，66億人に達し，現在も毎年7700万人以上ずつ増え続けているという。

The United Nations estimates that the world _____ reached 6.6 billion in 2002, and _____ _____ every year by more than 77 million people.

◀and の後，動詞が続く。

Answer

1 Coal, oil, and natural gas supply modern civilization with most of its power.
（現代文明はその原動力のほとんどを石炭，石油，天然ガスに頼っている。）

2 ① Water covers almost three-fourths (quarters) of the earth's surface. Over 97 percent of all this water is stored in the earth's four huge oceans: the Pacific, Atlantic, Indian, and Arctic Oceans.
② The life sciences include zoology, which is the study of animals and botany, which is the study of plants.
③ The United Nations estimates that the world population reached 6.6 billion in 2002, and is increasing every year by more than 77 million people.

PART-3 <構文集>

構文3 意見・感想を述べる

Sample

I strongly believe that it is the scientist's responsibility to make clear what is a fact and what is not.
(何が事実で何がそうでないかを明らかにすることが科学者の責任であると、私は強く感じている。)

I strongly **believe** that | *it* is the scientist's responsibility *to make* clear
- what is a fact
and
- what is not.

意見を述べるときの基本的な動詞は think/believe。後は応用として suspect や doubt, wonder など、次第に使えるようになってください。

数回言って暗記しよう！

Exercises

1 次の語句を利用して Sample と同じ形の文を書きなさい。

I / environmental laws / will fail / unless / attitudes / change

◀attitudes は（人々の）態度・姿勢、つまり、ものの見方・考え方。

2 下線部に1語ずつ補って文を完成し、全文を書きなさい。

①ひょっとして明日ヒマじゃないかなあ、と思って。

I was _____ if you were free tomorrow.

◀wonder は「疑問に思う」。I was wondering （〜かなあ、と思っていたんです）とわざと過去形にすることで、控えめなニュアンスを出している。

3. 意見・感想を述べる

②医者は大丈夫だって言うんだけど，うそじゃないかと思うんだ。何かすごく悪いもんじゃないかなと思ってる。

My doctor says I'm OK, but I _____ it. I _____ something very serious.

◀doubt は「うそではないか？」，suspect は「〜なのではないか？」とちょうど逆の感じ。

③母親が外で働いているからといって母親の義務をおろそかにしていることにはならないと思う。それどころか母親が仕事を持っていることで子どもに利益があると考えている。

I _____ that mothers are not neglecting their _____ by working outside the home. In fact, I _____ that children _____ when their mothers work.

◀believe と think は考えの強さの程度が違うだけだから，どちらにどちらを入れてもかまわない。「義務」＝ duty，「利益を受ける」＝ benefit

Answer **1** I believe that environmental laws will fail unless attitudes change.
(ものの考え方が変わらない限り，環境法を作ってもうまくいかないと思う。)

2 ① I was wondering if you were free tomorrow.
② My doctor says I'm OK, but I doubt it. I suspect something very serious.
③ I believe / think that mothers are not neglecting their duty by working outside the home. In fact, I think / believe that children benefit when their mothers work.

構文4 〜を見ると〜がわかる

Sample

A recent study shows that many people don't need more than eight hours' sleep.

（最近の研究によると，多くの場合8時間以上の睡眠は必要ないのだという。）

A recent study　shows that

　　　　　many people　don't need more than eight hours' sleep.

「…によると」は According to... としてももちろんかまいませんが，show / say / suggest などを使うともっと短い，スッキリとした文になりますので練習の価値ありです。

数回言って暗記しよう！

Exercises

1 次の語句を利用してSampleと同じ形の文を書きなさい。

Studies / that there / great eruption / the thirteenth century

◀eruption ＝噴火

2 下線部に1語ずつ補って文を完成し，全文を書きなさい。

①ある研究によると，女性のほうが言語能力が優れているという。
A study ＿＿＿＿＿ that women have superior language skills.

4. 〜を見ると〜がわかる

② 日本人の姓を調べてみると，「鈴木」が一番多く「佐藤」がこれに次いでいることがわかる。

Surveys of Japanese surnames ―――― that *Suzuki* is the most common name, followed by *Sato*.

◀ 理系の研究には research，社会学的調査には survey ということが多い。

③ アメリカ大統領が訪日すると新聞に書いてある。

The newspaper ―――― that the President of the United States is visiting Japan.

◀ 新聞やテレビ，ラジオが主語の場合 'say' が一般的。

④ 内面の感情は顔の表情に表れる。

Inner feelings are ―――― on facial expressions.

◀「顔の表情」が「内面の感情」を示す。→「内面の感情は」，となっているから，受動態。'show' でもいいが，'reflect'（反映する）も似合う。

Answer

1 Studies showed / have shown that there was a great eruption during / in the thirteenth century.
（研究によると 13 世紀には大噴火があったという。）

2 ① A study shows that women have superior language skills.
② Surveys of Japanese surnames show that *Suzuki* is the most common name, followed by *Sato*.
③ The newspaper says that the President of the United States is visiting Japan.
④ Inner feelings are reflected / shown on facial expressions.

PART-3 ＜構文集＞

構文5 例を挙げる

Sample

Matter can exist as a solid, a liquid, or a gas. For example, water can be a liquid, a solid (ice), or a gas (steam).

（物質は固体，液体，気体の状態で存在しうる。例えば水は液体にも固体（氷）にも気体（水蒸気）にもなる。）

```
Matter  can exist as  ・a solid,
                      ・a liquid,
                         or
                      ・a gas

        For example,
            water can be  ・a liquid,
                          ・a solid (ice),
                             or
                          ・a gas (steam).
```

一般論をまず述べて，それを具体的に説明する。これは少しまとまった文を書くときの基本パターンの1つです。具体的説明が文である場合は for example / for instance を使いますが，具体例として語句が続く場合は such as ...とするのが一般的です。

数回言って暗記しよう！

Exercises

1 次の語句を利用して Sample と同じ形の文を書きなさい。
Asexual reproduction / requires / only / one parent / an amoeba / reproduces / by dividing / two

◀二文で書く。asexual reproduction ＝無性生殖 amoeba ＝アメーバ

5. 例を挙げる

2 下線部に1語ずつ補って文を完成し，全文を書きなさい。

①ニュースは瞬時にして世界中に伝わる。例えば日本やアルゼンチンの選挙結果を人々は数秒のうちに知ることができるのである。

News spreads quickly all over the world. _____ _____ , people can know the _____ of an election in Japan or Argentina within seconds.

◀ for example と for instance は同義。

②交通渋滞や不法駐車，大気汚染や騒音公害といった，自動車関連の深刻な問題を解決するためには，ウィークデーには自家用車の都心への乗り入れを禁止すべきである。

In order to solve serious problems related to automobiles, _____ _____ traffic jams, _____ parking, and air and noise _____ , we should _____ private cars from entering cities on weekdays.

◀ 具体例として語句を挙げる場合は such as が普通。

Answer

1 Asexual reproduction requires only one parent. For example, an amoeba reproduces by dividing into two.
（無性生殖には片方の親しか必要ではありません。例えばアメーバなどは2つに分裂することで生殖するのです。）

2 ① News spreads quickly all over the world. For example / For instance, people can know the results of an election in Japan or Argentina within seconds.
② In order to solve serious problems related to automobiles, such as traffic jams, illegal parking, and air and noise pollution, we should ban private cars from entering cities on weekdays.

PART-3 <構文集>

構文6 理由を述べる

Sample

Forcing people to retire at the age of 60 is totally wrong, because it is unfair to people who are able and willing to work.
(人々を60歳でむりやり引退させるのは全く間違っています。まだ働く能力も意欲もある人に対して不当なことだからです。)

Forcing people to retire at the age of 60 is totally wrong,
⬆ **because**
it is unfair to people who are able and willing to work.

意見を言ったら根拠を述べる。できごとを述べたら原因・理由を述べる。それが because です。because の後は主語＋述語。理由として語句をつなげるには because of とします。because of に代わるものとして owing to / due to / on account of などがあります。

数回言って暗記しよう！

Exercises

1 次の語句を利用して Sample と同じ形の文を書きなさい。

believe / government / control education / it would discourage / teachers and students / thinking freely

◀「政府は教育を統制すべきではない」「教師や学生が自由に考えることを阻害する」から。

2 下線部に1語ずつ補って文を完成し，全文を書きなさい。

①コンピュータは日常生活のさまざまな面に影響するのだから，子どもにはコンピュータの基礎を教えなくてはならないだろう。

6. 理由を述べる

① Children should _____ the basics of computers, _____ computers are affecting our everyday life in so many _____ .

② 第二次大戦後まもなく，相撲は攻撃的なスポーツであるとして禁止された。

Shortly after World War II, sumo wrestling was banned _____ it was _____ to be aggressive sport.

◀ was considered…「…と考えられた」

③ 他の人と違っているというだけの理由でいじめをするなんて，とんでもないことだ。

There should be absolutely no bullying _____ _____ someone is different from _____ .

◀ absolutely ＝絶対に just because …「…というだけの理由で」

④ 少子化の影響で学生数が減っている。

There has been a fall in the _____ of students _____ _____ the declining birthrate.

◀ a fall in the …「…の落ち込み」

Answer

1 I believe the government should not control education, because it would discourage teachers and students from thinking freely. （政府は教育を管理すべきではないと考えています。教師や生徒が自由に考えることを阻害するからです。）

2 ① Children should learn the basics of computers, because computers are affecting our everyday life in so many ways.
② Shortly after World War II, sumo wrestling was banned because it was supposed / considered to be aggressive sport.
③ There should be absolutely no bullying just because someone is different from others.
④ There has been a fall in the number of students because of / due to the declining birthrate.

PART-3 <構文集>

構文7 違いを説明する

Sample

Animals differ from plants in that they can move by themselves and do not perform photosynthesis.

（動物と植物と違うのは，自分で移動でき，光合成を行なわないという点である。）

Animals differ *from* plants
　　　　　　　in that they ● can move by themselves
　　　　　　　　　　　　　　　 and
　　　　　　　　　　　　　●do not perform photosynthesis.

「…と違う」は differ /be different from …。「…と〜との違い」は difference between … and 〜です。そして大事なのが「どこが違うか」を表す際の in。in の後が語句でなく［主語＋述語］となる場合は in that …とします。

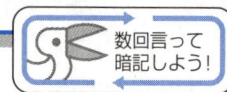

〔数回言って暗記しよう！〕

Exercises

1 次の語句を利用して Sample と同じ形の文を書きなさい。

Apes / dogs and cats / stand / two feet / use tools

◀apes ＝ゴリラ，チンパンジーなどの類人猿とイヌやネコの違いは「2本の脚で立つこと」と「道具を使うこと」in の後は［主語＋述語］だから in that … という型になるはずです。

2 下線部に1語ずつ補って文を完成し，全文を書きなさい。

①日本語と英語は文字も，文法も，発音も異なっている。

7. 違いを説明する

① Japanese is _____ from English _____ characters, grammar, and pronunciation.

◀ in の後は単語が並んでいるだけですから、当然 that は不要です。

② 民族によって，列に並ぶという習慣に大きな違いがあるようだ。

There _____ to be great _____ in the lining habits of _____ peoples.

◀ There is ...「…がある」でなく There seems to be ...「…があるように見える」とします。different は繰り返しても不自然ではありません。

③ 話したり聴いたりするのは多くの点で読み書きとは異なっている。

Speaking and listening _____ _____ writing and reading _____ many _____ .

◀ 多くの点で＝ in many ways

④ われわれと他の動物とのもっとも大きな違いは，動物は自分がいつか死ぬことを知らないという点にある。

The most important _____ _____ us and other animals is _____ they do not know they are going to die someday.

◀ difference is that ［主語＋述語］

Answer

1 Apes differ from dogs and cats in that they can stand on two feet and use tools.
（類人猿がイヌやネコと違うのは，２本足で立ち道具を使えるという点である。）

2 ① Japanese is *different* from English *in* characters, grammar, and pronunciation.
② There *seems* *to* *be* great *difference* in the lining habits of *different* peoples.
③ Speaking and listening *differ from* writing and reading *in* many *ways*.
④ The most important *difference between* us and other animals is *that* they do not know they are going to die someday.

167

PART-3 <構文集>

構文8　因果関係を述べる

Sample

Sunlight causes water molecules to split.
（太陽光が水の分子を分解する。）

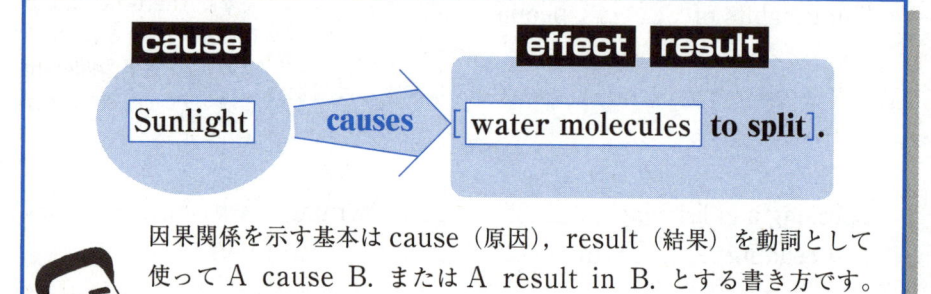

```
  cause                    effect  result
 ┌────────┐           ┌─────────────────────┐
 │Sunlight│ causes →  │water molecules to split│.
 └────────┘           └─────────────────────┘
```

因果関係を示す基本は cause（原因），result（結果）を動詞として使って A cause B. または A result in B. とする書き方です。cause の後を［目的語＋to 不定詞］として「結果として～が～する」とすることもできます。

数回言って暗記しよう！

Exercises

1 次の語句を利用して Sample と同じ形の文を書きなさい。

Rainy days / flowers / bloom later on

◀「雨の日々」＝原因
「花が開く」＝結果
later on ＝後になって

2 下線部に1語ずつ補って文を完成し，全文を書きなさい。

①テレビのせいで幼い子どもは受像器の前で時間を無駄に費やす。

TV _____ younger children _____ waste time in front of it.

8. 因果関係を述べる

②あまり濃いコーヒーを飲むと動悸がすることがある。
Drinking very strong coffee can _____ your heart _____ beat fast.

◀動悸がする＝ The heart beats fast.

③太陽から出る紫外線が火ぶくれや目の障害を引き起こす可能性がある。

Ultraviolet rays from the sun can _____ sunburn and eye damage.

◀「結果」として挙げられているのは語句。「〜が〜する」のパターンではありません。

④間違いから思いがけない成功が生み出されることがある。
Mistakes can sometimes _____ to unexpected success.

◀cause に近いものとして「…という結果につながる」ことを示すのが lead to …。

Answer

1 Rainy days cause flowers to bloom later on.
（雨の日が続けば，後に花が咲く。）

2 ① TV causes younger children to waste time in front of it.
② Drinking very strong coffee can cause your heart to beat fast.
③ Ultraviolet rays from the sun can cause sunburn and eye damage.
④ Mistakes can sometimes lead to unexpected success.

PART-3 <構文集>

構文9 比較する

Sample

We know media stars better than we know our neighbors.
(私たちは自分の隣人よりもメディアのスターについてよりよく知っている。)

[We know → media stars] than [we know ➡ our neighbors].
　　　　　　　better

比較する2つのものは［名詞］と［名詞］とは限りません。［主語＋述語］と［主語＋述語］となるケースも多いのです。こういうパターンを自分でも作れるようになってください。

数回言って暗記しよう！

Exercises

1 次の語句を利用してSampleと同じ形の文を書きなさい。

Many people / discuss / celebrities' lives / those of their relatives

◀文を2つ比較するパターン。主語＋動詞を繰り返すような文を作ります。
celebrity＝有名人　those of their relatives ＝ lives of their relatives（自分の親族の生活）
discussの用法に注意。前置詞なしで目的語を付ける。

2 下線部に1語ずつ補って文を完成し、全文を書きなさい。

①川で泳ぐのが結構危険だということをほとんどの人は知らない。

Swimming in a river is riskier ＿＿＿＿ most ＿＿＿＿ think.

◀「川で泳ぐことは、ほとんどの人が思っているよりも危険である」とします。

9. 比較する

②世の中，金儲けだけじゃないぞ。

Life is _____ _____ just making money.

◀「人生はただ金を稼ぐ以上のものである」とします。

③人間は他の動物よりずっと知能が高い。

Human beings are _____ _____ _____ than any other species.

◀「ずっと／はるかに」と，差が大きいことを示すには much more ... / far more ... を加えます。

④内容がわからないようなスピードで読んでも何にもなりません。

It is no _____ trying to read faster than _____ _____ absorb ideas.

◀「あなたが内容を吸収できるよりも速く読もうとする」とします。「何もならない」は It is no use -ing to ...（…しようとすることは役に立たない）。

Answer

1 Many people discuss celebrities' lives more than they discuss those of their relatives.
（自分の親族の生活よりも有名人の生活についてより多くを語る人が大勢いる。）

2 ① Swimming in a river is riskier than most people think.
② Life is more than just making money.
③ Human beings are far / much more intelligent than any other species.
④ It is no use trying to read faster than you can absorb ideas.

171

構文10 find / make / let

Sample

You may find it interesting to know something about your ancestors.

（自分の先祖について何かを知るというのも興味深いことなのではないでしょうか。）

You may **find** [*it* = interesting]
 └─── *to know something about your ancestors.*

いわゆる [S＋V＋O＋C] の型です。これに it ... to が組合わさったものもよく使われる構文です。コンパクトな文を書くのに便利な表現ですし，英語らしい文になってかっこいいです。

数回言って暗記しよう！

Exercises

1 次の語句を利用して Sample と同じ形の文を書きなさい。

Many people / find / convenient / get news / from the Internet

2 下線部に1語ずつ補って文を完成し，全文を書きなさい。

①太陽光のせいでわれわれは生きていられる。

Sunlight makes _____ possible _____ us _____ live.

◀find it convenient 「それが便利だと思う」のパターンをまず作り，次に it の内容を to ＋動詞で説明します。it ... to 構文を作るのと同じです。

◀「それを可能にする」のパターンをまず作り，次に it の内容を to ＋動詞で説明します。そして to ＋動詞の意味上の主語を for... として付け加えます。

10. find / make / let

②そのように変えれば学生が外国の大学に転校しやすくなる。

The change would _____ _____ easier _____ students _____ transfer to foreign colleges.

③テレビのおかげでわれわれは世の中の動きを知ることができ，民主主義も発展することになった。

The television has _____ _____ aware of what is _____ on in the world and helped advance democracy.

◀ aware（わかっている／意識している）は形容詞ですから，もちろん to など付けないでください。
「世の中の動き→世界で起こっていること→ what is going on in the world)

④出荷がいつになるか，お知らせいただければ幸いに存じます。

I would be very grateful if you could _____ me know when the shipment is made.

◀「知らせてください。」
= Please let me know.
は決まり文句です。覚えてください。
grateful = thankful

Answer

1 Many people find it convenient to get news from the Internet.
(多くの人は，インターネットでニュースがわかるのは便利だと思っている。)

2 ① Sunlight makes *it* possible *for* us *to* live.
② The change would *make it* easier *for* students *to* transfer to foreign colleges.
③ The television has *made us* aware of what is *going* on in the world and helped advance democracy.
④ I would be very grateful if you could *let* me know when the shipment is made.

トピック1 環境・エネルギー

それぞれの日本語の意味を表すように [ ] 内の文字で始まる語を書き入れなさい。

1/ 環境汚染を引き起こす cause environmental [p] _____	2/ 二酸化炭素が熱を封じ込める。 Carbon [d] _____ traps heat.
3/ 地球の温暖化現象 [g] _____ warming	4/ 緑地が砂漠化する。 Green land turns into [d] _____ .
5/ 熱帯雨林の消滅 disappearance of [t] _____ rain forests	6/ 絶滅危惧種の保存 preservation of [e] _____ species
7/ 代替エネルギー源 [a] _____ energy sources	8/ 原子力発電所 [n] _____ power plant

Answer

1/ cause environmental *pollution*	2/ Carbon *dioxide* traps heat.
3/ *global* warming	4/ Green land turns into *desert*.
5/ disappearance of *tropical* rain forests	6/ preservation of *endangered* species
7/ *alternative* energy sources	8/ *nuclear* power plant

1. 環境・エネルギー

≡ OPINIONS ≡

1 Something must be done to discourage the use of cars. Exhaust fumes are one of the greatest causes of air pollution and global warming. Limiting the use of private cars in big cities, where public transportation is readily available, may be the first step. (44words)

自動車の使用をおさえるために何かがなされなくてはなりません。排気ガスは大気汚染と地球温暖化の最大の原因の1つとなっています。公共輸送がたやすく利用できる大都市で自家用車の利用を制限することが最初のステップとなるのではないでしょうか。

使える！語句/表現

- Something must be done to... / We should do something to ...：(何とかして…をしなければならない)
- discourage:やる気をなくさせる／おさえる。ban（法や規則で禁止する）では強すぎるときに
- big cities, where ...：「大都市は…ところだから」のように，理由の説明を関係詞節で述べることができる

2 We should explore alternative energy sources, such as wind and solar power. When solar power becomes cheaper and more efficient, it will greatly benefit many people, especially in developing countries. (30words)

風力や太陽エネルギーといった代替エネルギー源の可能性を探るべきです。太陽エネルギーがより安く、効率よくなれば、多くの人々、特に開発途上国の人々に大きな利益をもたらすでしょう。

使える！語句/表現

- such as：具体例として語句を並べる定番表現
- benefit：利益（を与える）
- developing countries：発展途上国。「工業先進国」は industrial nations / developed countries

トピック2 教育・学校・青少年

それぞれの日本語の意味を表すように [ ] 内の文字で始まる語を書き入れなさい。

1/詰め込み教育 [c] _____ education	2/小学校 [e] _____ school
3/義務教育 [c] _____ education	4/学校でのいじめ [b] _____ at school
5/登校拒否をする [r] _____ to go to school	6/ひきこもり [s] _____-in
7/学歴を偏重する attach too much weight to an [a] _____ background	8/大学受験の勉強をする prepare for college [e] _____ examinations

Answer

1/cram education	2/elementary school
3/compulsory education	4/bullying at school
5/refuse to go to school	6/shut-in
7/attach too much weight to an academic background	8/prepare for college entrance examinations

2. 教育・学校・青少年

≡OPINIONS≡

1 Computers should not replace textbooks. Children should learn how to write with a pencil and paper before they learn how to use word processors. They should be able to do arithmetic before learning to use mathematical applications.
(37words)

コンピュータが教科書に取って代わるようでは困ります。子どもはワープロを覚える前に紙と鉛筆で字を書くことを覚えなくてはなりません。数学ソフトを使えるより先に計算を覚えなくてはなりません。

使える！語句/表現

- A replaces B：A が B に取って代わる
- should be able to ...：…ができるようにならなければいけない

2 Learning ability often differs among students. So, the class should be small enough for the teacher to be able to meet the need of each student. However, the class should not be too small. If it is too small, there will be little collaboration or stimulation among students.
(48words)

学習能力は学生によってまちまちです。ですから1クラスの人数は，教師がそれぞれの学生のニーズに応えられる程度に少なくなければなりません。とはいえ少なすぎるのもよくないでしょう。クラスが小さすぎると生徒同士が協力し，刺激し合うことも少なくなるからです。

使える！語句/表現

- differ between/among ...：…の間で差がある（2人の間なら between ..., 3人以上なら among ...）
- small enough to ...：…できる程度の小ささ
- meet the need of ...：…の必要に応える

PART-3 <トピック別>

トピック3 健康・食品

それぞれの日本語の意味を表すように [ ] 内の文字で始まる語を書き入れなさい。

1/高脂肪・高コレステロール食品 fatty and high-[c] _____ food	2/食品汚染 food [c] _____
3/食中毒 food [p] _____	4/栄養不良に悩む suffer from [m] _____
5/生活習慣病を予防する prevent lifestyle-related [d] _____	6/バランスのとれた食事 balanced [d] _____
7/規則的に運動をする get regular [e] _____	8/体調がいい be in good [s] _____

Answer

1/fatty and high-cholesterol food	2/food contamination
3/food poisoning	4/suffer from malnutrition
5/prevent lifestyle-related diseases	6/balanced diet
7/get regular exercise	8/be in good shape

3. 健康・食品

≡OPINIONS≡

1. While half of the world's population is suffering from malnutrition, people in wealthy countries tend to eat too much and obesity has become a social problem. I think it is time to think about eating habits. (36words)

世界の人口の半分が栄養不足に悩んでいる反面、豊かな国の国民は食べ過ぎる傾向にあり、肥満が社会問題になっています。そろそろ食生活について考えるときだと思います。

使える！語句/表現

- suffer from ...：(病気や貧困など) に悩む。suffering は「悩み・苦しみ」一般を示す語
- habit：生活習慣。bad habit は喫煙などの「悪習」。「風俗習慣」は manners and customs

2. Some people seem to be too health-conscious. They take lots of supplements when an ordinary diet provides them with enough nutrition. I see no point in worrying about your health when you are in good shape. (36words)

中には健康志向の強すぎる人もいるようです。普通の食事で栄養は十分足りているのにサプリメントをたくさん飲んだり、病気でも何でもないのに健康の心配ばかりするというのは妙なことです。

使える！語句/表現

- when ...：…なのに (逆接のニュアンスで)
- see no point in -ing：〜することに意味があるとは思わない

PART-3 〈トピック別〉

トピック4 日本社会

それぞれの日本語の意味を表すように [ ] 内の文字で始まる語を書き入れなさい。

1/高齢化社会 [a] _____ society	2/急激な少子化 sharp decline in the [b] _____ rate
3/子供の虐待 child [a] _____	4/産業の変化 shift in [i] _____
5/援助交際 teenage [p] _____	6/離婚率の増加 rise in the [d] _____ rate
7/介護を提供する provide nursing [c] _____	8/和を重んずる社会 society that stresses group [h] _____

Answer

1/aging society	2/sharp decline in the birth rate
3/child abuse	4/shift in industries
5/teenage prostitution	6/rise in the divorce rate
7/provide nursing care	8/society that stresses group harmony

4. 日本社会

≡ OPINIONS ≡

1 More and more Japanese companies are giving up life-time employment systems and businesses are becoming more competitive. I believe in fair competition, but at the same time, a better welfare system is needed to secure society.

(36words)

終身雇用制を廃止する日本企業が増えており，企業はより競争的になっています。私は公正な競争はいいものだと思いますが，しかし同時に，社会の安定のためにはよりよい福祉制度が必要でしょう。

> 使える！語句/表現

- ●give up：やめる
- ●believe in ...：…はいいものだと思う
- ●... but at the same time,：しかし同時に（その反面），

2 I think the Japanese people in general have been changing. They used to be more group-oriented and have a strong sense of belonging. As they become more individualistic, it will be harder to set up a balance between the common good and individual rights.

(44words)

日本人が全体として変わってきていると思います。以前はもっと集団指向で帰属意識も強かったのですが。日本人がより個人主義的になっていけば，公益と個人の権利とのバランスをとるのはより難しくなっていくでしょう。

> 使える！語句/表現

- ●used to ...：以前は…だった
- ●common good：公益
- ●individual rights：個人の権利

PART-3 <トピック別>

トピック5 科学技術

それぞれの日本語の意味を表すように [ ] 内の文字で始まる語を書き入れなさい。

1/情報技術 [i]_____ technology	2/遺伝子工学 genetic [e]_____
3/人間のクローン作成をめぐる論議 controversy about human [c]_____	4/インターネットで検索する search the [I]_____
5/地震予知 earthquake [p]_____	6/コンピュータの普及 [w]_____ use of computers
7/宇宙開発産業 space [d]_____ industry	8/風力発電を普及させる increase wind power [g]_____

Answer

1/*information* technology	2/genetic *engineering*
3/controversy about human *cloning*	4/search the *Internet*
5/earthquake *prediction*	6/*widespread* use of computers
7/space *development* industry	8/increase wind power *generation*

5. 科学技術

≡ OPINIONS ≡

1 Science and technology do not necessarily make people happier. For example, automation in factories and new information technology have caused many people to lose their jobs. Many older people can't cope with rapid social changes caused by new technology.　　　　　　　　　　　　(39words)

科学技術が人間を幸せにするとは限りません。例えば工場の自動化や新しい情報技術によって多くの人が職を失いました。新しいテクノロジーによる社会の急速な変化についていけない中高年も多いのです。

使える！語句/表現

- not necessarily... : 必ずしも…ない
- cope with ... : …に対処する

2 Technology is application of science and it is technology that common people recognize and appreciate. Scientific studies often take place out of sight of ordinary people, so I think it is all the more necessary to spend money on basic studies.　　　　　　　　　　(41words)

テクノロジーは科学の応用であり、一般大衆がよくわかって評価するのはテクノロジーのほうです。科学的研究は一般人の目に見えないところで行なわれることが多いから、なおさらのこと、基礎研究にお金を使うことが必要だと思います。

使える！語句/表現

- common people : 大衆。ordinary people / the public とも言う
- take place : 起こる，行なわれる
- out of sight : 見えないところで
- all the more ... : その分だけよけいに…，なおさら…

PART-3 <トピック別>

トピック6 医療

それぞれの日本語の意味を表すように [ ] 内の文字で始まる語を書き入れなさい。

1/医学の進歩 advancement of [m] _____	2/臓器移植 organ [t] _____
3/インフォームド・コンセント（説明と同意） informed [c] _____	4/平均余命 average life [e] _____
5/妊娠中絶 [a] _____	6/医療を提供する provide [m] _____ care
7/インフルエンザウイルスのワクチン influenza [v] _____ vaccine	8/花粉症で苦しむ suffer from hay [f] _____

Answer

1/advancement of medicine	2/organ transplant
3/informed consent	4/average life expectancy
5/abortion	6/provide medical care
7/influenza virus vaccine	8/suffer from hay fever

6. 医療

≡ OPINIONS ≡

1 You should not depend too much on medicine. Proper diet and regular exercise will keep you in good shape. People are living much longer than before and it is not just the length but the quality of life that counts. (40words)

医学に頼りすぎてはいけません。正しい食生活と規則正しく身体を動かすことで健康でいられるのです。人の寿命は以前よりずいぶん長くなっていますが、重要なのは寿命の長さだけでなく、生活の質なのです。

使える！語句/表現

- depend too much on ... : …に頼りすぎる
- People are living longer than before. : 人の寿命はのびた。
- it is not ... but ~ that counts. : 重要なのは…ではなく~だ。

2 As long as it is properly controlled, human cloning will benefit many people. It will enable us to understand the human body and diseases better and help advance medicine. It may supply organs to be transplanted and save a lot of lives. (42words)

適切に管理されてさえいるなら、人間のクローニングは多くの人に利益をもたらすでしょう。人体と病気についての理解も深まり、医学の進歩に寄与するでしょう。移植のための臓器が提供されて、多くの人命を救うでしょう。

使える！語句/表現

- as long as ... : …限り（if に近い）ex. as long as you pay the rent（家賃を払っている限り）。as far as は「範囲」を示す。ex. as far as I know（私の知っている限りでは）
- enable us to understand ... : われわれが理解することを可能にする
- help advance medicine = help us (to) advance medicine : 医学を進歩させる助けになる。help の後に目的語が不要な場合、help advance のように動詞が連続した形になる

トピック7 政治・経済

それぞれの日本語の意味を表すように [ ] 内の文字で始まる語を書き入れなさい。

1/不法移民 illegal [i] _____	2/政党 political [p] _____
3/選挙に勝つ win an [e] _____	4/株に投資する invest in [s] _____
5/官僚政治 [b] _____	6/表現の自由 the freedom of [e] _____
7/需要と供給 supply and [d] _____	8/生産と消費 production and [c] _____

Answer

1/illegal immigrants	2/political party
3/win an election	4/invest in stocks
5/bureaucracy	6/the freedom of expression
7/supply and demand	8/production and consumption

7. 政治・経済

≡ OPINIONS ≡

1 Power tends to corrupt. I believe the best way to check it is by not letting the same party stay in power for a long time. I think it's a good idea to give two parties a chance to take over each other. (43words)

権力は腐敗しがちなものです。それをおさえる一番の方法は，1つの党に長い間政権を担当させないことだと思います。2つの党に政権をやりとりする機会を与えるのはいいことだと思います。

使える！語句/表現

- not letting ... : …を許さないこと
- I think it's a good idea to ... : …するのはいいことだと思う
- take over ... : …を引きつぐ

2 You have to be responsible for what is going on in the government. If you don't vote, you are letting someone else vote for you. Don't let other people run your country for you. (34words)

政府のしていることに自分も責任を持つべきです。選挙に行かないというのは他人に自分の代わりに投票させているのと同じです。自分の代わりに，他の人に国の運営を任せてはいけません。

使える！語句/表現

- what is going on : 今起きていること
- someone else : だれか別の人
- run : 運営する

PART-3 <トピック別>

トピック8　職業・労働

それぞれの日本語の意味を表すように [ ] 内の文字で始まる語を書き入れなさい。

1/社員 [e] _____	2/父は商社に勤めています。 My father [w] _____ for a trading company.
3/職業病 [o] _____ disease	4/今，失業中です。 I'm out of [j] _____ .
5/失業率 [u] _____ rate	6/会社には車で通っています。 I drive to the [o] _____ .
7/通勤電車 [c] _____ train	8/定年まで勤める stay with the company until [r] _____

Answer

1/employee	2/My father works for a trading company.
3/occupational disease	4/I'm out of job.
5/unemployment rate	6/I drive to the office.
7/commuter train	8/stay with the company until retirement

8. 職業・労働

═OPINIONS═

1 We have to work to live, but a job means more than money. For most of us, our places of work are where we find conversation, stimulation, friendship — and a reason to get up in the morning. (36words)

みんな生きるために働いているのですが、仕事はお金だけではありません。ほとんどの人にとって、職場とは人と会話をし、人から刺激を受け、友情の育つ場でもあるのです。そして、朝起きる理由を与えてもくれますね。

(使える！語句/表現)
- ... means more than ～：…には～以上の意味がある
- our places of work are where ...：職場とは…ところだ。同様に College is where ...（大学とは…場所）といった文も作れる。

2 I don't want my job to dominate my life. Some people work for more than twelve hours a day. I just couldn't stand it. I'm going to work part-time and use the rest of my time to enjoy myself. I would like to be free of any profession. (49words)

生活を仕事に支配されたくありません。1日12時間以上も働く人がいますが、私にはとても耐えられないでしょう。私はアルバイトをしながら、残りの時間は楽しむために使うつもりです。何かのプロになるというつもりがないのです。

(使える！語句/表現)
- I couldn't stand it.：私には耐えられないだろう。「もしやったとしても」と仮定の意味が込められているから、助動詞を過去形に。
- work part-time：アルバイトをする
- the rest of ...：…の、それ以外の部分
- be free of ...：…から自由でいる

PART-3 <トピック別>

トピック9 大学・学問

それぞれの日本語の意味を表すように [ ] 内の文字で始まる語を書き入れなさい。

1/大学入試に合格する pass a university [e] _____ examination	2/大学院の学生 [g] _____ student
3/物理学を専攻する [m] _____ in physics	4/奨学金をもらう get a [s] _____
5/留年することになっちゃった。 I have to [r] _____ the same year.	6/社会学を勉強する study [s] _____
7/法学部の学生 [l] _____ student	8/一流大学 [p] _____ college

Answer

1/pass a university entrance examination	2/graduate student
3/major in physics	4/get a scholarship
5/I have to repeat the same year.	6/study sociology
7/law student	8/prestigious college

9. 大学・学問

≡OPINIONS≡

1
College is a great experience. You can get necessary training at college for jobs. Many employers hire people who have gone to college. A college education is definitely an asset. Education is a necessary investment.

(35words)

大学に行けば必ずそれだけのことはあります。大学は仕事に必要な訓練を受けられます。多くの会社はやはり大卒を採用しますからね。大学教育が財産であることは間違いありません。教育は必要な投資なのです。

使える！語句/表現

- ●experience：過去の体験ばかりでなく，現在・未来に体験することも指す
- ●definitely：間違いなく／絶対

2
I consider college more as a place to widen my view than a place to get practical training. I'd like to study as many subjects and get to know as many people as possible, so that it can help me see my future from a better perspective.

(47words)

私は大学を実用的な訓練を受ける場というよりむしろ，視野を広げる場ととらえています。大学ではできるだけ幅広く勉強し，多くの人と知り合って，より高い視点から自分の将来を見られるようになりたいのです。

使える！語句/表現

- ●consider ... as 〜：…を〜と見なす　consider ... to be 〜 も同じ。consider を think of / regard / see / view / look upon としても同じ
- ●get to know：知るようになる
- ●perspective：視点・観点。point of view と同じ。from a historical perspective（歴史的観点から言うと）

PART-3 <トピック別>

トピック10 国際関係

それぞれの日本語の意味を表すように [ ] 内の文字で始まる語を書き入れなさい。

1/核の脅威 nuclear [t] _____	2/大量破壊兵器を禁止する ban weapons of [m]_____destruction
3/経済の国際化 [g] _____ of economy	4/世界を支配する [d] _____ the world
5/国際社会から孤立する be isolated from the international [c] _____	6/文明の衝突 [c] _____ of civilizations
7/国際協調 international [c] _____	8/広がりつつある，国家間の貧富の差 widening [g] _____ between rich and poor countries

Answer

1/nuclear threat	2/ban weapons of mass destruction
3/globalization of economy	4/dominate the world
5/be isolated from the international community	6/clash of civilizations
7/international cooperation	8/widening gap between rich and poor countries

10. 国際関係

≡ OPINIONS ≡

1 The population of the world is supposed to reach 9 billion in about 50 years. Serious conflicts may occur over food, water and energy. Rich countries should spend more money to advance education, medicine and technology in poorer nations before it's too late. (43words)

世界の人口は約50年後には90億人に達すると言います。食糧や水，エネルギーをめぐって深刻な対立が起きるかもしれません。手遅れにならないうちに豊かな国々は金を使って貧しい国の教育，医学，技術の発展を助けるべきでしょう。

使える！語句/表現

- be supposed to ...：…すると思われている／…することになっている
- before it is too late：手遅れにならないうちに

2 Military power can solve only a few problems the world faces. What Western advanced nations need is better understanding of different world views that stem from different traditions. Also, they must think about the unfair share of wealth they have. (40words)

軍事力では世界の直面する問題のほんの一部しか解決できません。欧米の先進諸国に必要なのは，異なった伝統から生じてくる異なった世界観をよりよく理解することです。また，先進国は自分が世界の富の，不当なほど多くの部分を所有していることを考えなければなりません。

使える！語句/表現

- What ... need is ～：…が必要としているのは～である
- world view：世界観
- stem from ...：…から生ずる／…に起因する
- unfair: 公正でない／不当な／ずるい
- share：分け前／分担／持ち分／(動詞で) 共有する　share the same feeling (同じ気持ちを共有する) share responsibility (共同責任である)

MEMO

大学受験　名人の授業

宮崎の今すぐ書ける英作文
自由英作文編

2004年9月29日　初版発行
2018年4月18日　第12版発行

著者　──── 宮崎　尊
発行者　──── 永瀬昭幸
　　　　　　（編集担当　吉澤早織）
発行所　──── 株式会社ナガセ
　　　　　　東京都武蔵野市吉祥寺南町1-29-2 〒180-0003
　　　　　　出版事業部
　　　　　　TEL.0422-70-7456　FAX.0422-70-7457

カバーデザイン　● 山口　勉
本文デザイン　　● 水谷多喜（株式会社たてき）
イラスト　　　　● Taki Taro
英文校閲　　　　● Cathy Seki　肥後淳子
DTP・印刷・製本　● シナノ印刷株式会社

ISBN978-4-89085-317-5 C7382
© Miyazaki Song 2004 Printed in Japan

落丁本・乱丁本は東進WEB書店のお問い合わせよりお申し出ください。
但し、古書店等で本書を入手されている場合は、お取り替えできません。

特別インタビュー

伝えたいことを易しい英語で表現しよう

宮崎 尊先生からの役立つアドバイス

　難関大学（特に国公立大）の英作文の特徴は2つに分けられます。1つは使うべき英語の「型」が決まっているタイプ。これは与えられた材料を「型」に当てはめ，易しい英語で表現する。もう1つは日本語を与え，ただ英訳するタイプですが，その日本語の意味がわかりにくく，難しいこともあります。

　では，どうすれば英作文を攻略できるのでしょう？　どちらのタイプにせよ，「型」を覚え，使えるようにすることが第一のポイントです。次には，1つの日本語に対応する英語は1つ，という「一対一対応」の幻想を捨てることです。さらに，色々な意味で使える便利な語を覚えていくとよいでしょう。

　僕は授業でいつも「かっこいい答案を求めるんじゃない！」と言い続けています。入試では，半分ぐらい得点できればいい，というつもりで完璧を求めないことです。和英辞典をひいて，満点の美しい解答を作ろうとするよりも，今持っている語彙力で正しく意図を伝える方が大切なんです。易しい英語で何でも表現できることに気づいた人は，目の前が開けたように感じるはずです。

　留学先で，あるいは社会に出て英語を使う場面で，皆さんはいちいち辞書をひくことなんてできませんよね。「いかに今ある語彙力で表現するか」が英作文のポイントです。勉強の仕方さえよければ，英作文を勉強することは実用的な英語力に結びつくと思います。

特別インタビュー

Interview

好きなことがあれば まず10年続けてみる

英語が好きな人には，入試にとらわれずにさらなるレベルアップを意識してほしい。仮に，そのへんにある英語の週刊誌，新聞，単行本を読んでしっかりと内容を把握できるというレベルを，1つの目標としましょう。

宮崎　尊先生からの役立つアドバイス

　そのレベルになるまでは，大学に受かってから早い人で5年ぐらい。英語を本当にできると言えるようになるには，高校生の時点から，あと10年はかかると思っていいです。つまり，本気で英語を修得したい人は，どんどん先に進んで勉強するべきなんです。

　英語力というのは"飛躍する"もので，すぐには勉強の成果が現れない。やってもなかなか成果が見えない時期がずーっと続いて，ほとんどの人はそこで止めてしまう。けれど，なんとか踏ん張っていれば，ある時ポン！と上がる。そういう経過を何度か繰り返して本当の力がついていく。受験勉強も同じだと思いますよ。

　自分自身を振り返ってみると，僕はずーっと"英語"だけをやってきたんですよ。他の職業に就いたこともなく，ただひたすらに30年間もつき合ってきたわけです。

　正直に言えば，自分でも形になってきたと思えるようになってきたのはつい最近のことです。どんなジャンルのものも読めるようになったのは，40歳を過ぎてからです。それほど英語は奥深く面白いんですよ。

　世の中には才能があって，どんどん先に行ける人もいると思います。僕は，そうじゃなかったけれど，でもとりあえず止めなかったから出来るようになった。好きなことがあれば，まず10年続けること。そうすればだれでもなんとか格好がつくようになると思います。

東進ブックス

編集部より

この本を読み終えた君に オススメの3冊！

宮崎の今すぐ書ける英作文

合格答案が書ける秘訣がここにある！英語の「型」と「発想」をていねいに説く「今すぐ書ける英作文」講義は、君の書けない悩みを払拭する！

東大英語総講義

長文や英作文、和訳、要約、語整序、リスニングなど東大入試で問われる全範囲を網羅。「東大英語」対策はこの1冊で！

記述対策 漢文問題集

スピーディーに高得点！「解法のポイント」で着眼点が分かる。「採点基準」で記述型答案のコツがつかめ、漢文の力がつく！

体験授業

この本を書いた講師の授業を受けてみませんか？

東進では有名実力講師陣の授業を無料で体験できる『体験授業』を行っています。「わかる」授業、「完璧に」理解できるシステム、そして最後まで「頑張れる」雰囲気を実際に体験してください。

※1講座(90分×1回)を受講できます。
※お電話でご予約ください。
　連絡先は付録9ページをご覧ください。
※お友達同士でも受講できます。

宮崎先生の主な担当講座　※2018年度
『『英語を書く／しゃべる』集中講義①～③』など

東進の合格の秘訣が次ページに

合格の秘訣 1 全国屈指の実力講師陣

ベストセラー著者のなんと7割が東進の講師陣!!

東進ハイスクール・東進衛星予備校では、そうそうたる講師陣が君を熱く指導する!

本気で実力をつけたいと思うなら、やはり根本から理解させてくれる一流講師の授業を受けることが大切です。東進の講師は、日本全国から選りすぐられた大学受験のプロフェッショナル。何万人もの受験生を志望校合格へ導いてきたエキスパート達です。

英語

安河内 哲也 先生 [英語]
日本を代表する英語の伝道師。ベストセラーも多数。

今井 宏 先生 [英語] 
予備校界のカリスマ。抱腹絶倒の名講義を見逃すな。

渡辺 勝彦 先生 [英語] 
「スーパー速読法」で難解な長文問題の速読即解を可能にする「予備校界の達人」!

宮崎 尊 先生 [英語] 
雑誌『TIME』やベストセラーの翻訳も手掛け、英語界でその名を馳せる実力講師。

西 きょうじ 先生 [英語]
累計20万人以上の受験生が絶賛した超ビッグネーム。

大岩 秀樹 先生 [英語] 
情熱と若さあふれる授業で、知らず知らずのうちに英語が得意教科に!

数学

志田 晶 先生 [数学] 
数学を本質から理解できる本格派講義の完成度は群を抜く。

松田 聡平 先生 [数学]
「ワカル」を「デキル」に変える新しい数学で、君の思考力を刺激し、数学のイメージを覆す!

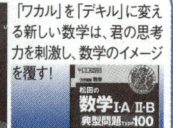

河合 正人 先生 [数学]
予備校界を代表する講師による魔法のような感動講義を東進で!

付録 1

WEBで体験

東進ドットコムで授業を体験できます！
実力講師陣の詳しい紹介や、各教科の学習アドバイスも読めます。
www.toshin.com/teacher/

国語

板野 博行 先生 [現代文・古文]
「わかる」国語は君のやる気を生み出す特効薬。

出口 汪 先生 [現代文] 
ミスター驚異の現代文。数々のベストセラー著者としても超有名!

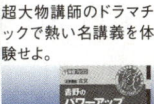

吉野 敬介 先生 [古文] 
超大物講師のドラマチックで熱い名講義を体験せよ。

富井 健二 先生 [古文] 
ビジュアル解説で古文を簡単明快に解き明かす実力講師。

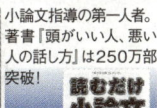

三羽 邦美 先生 [古文・漢文] 
縦横無尽な知識に裏打ちされた立体的な授業に、グングン引き込まれる!

樋口 裕一 先生 [小論文] 
小論文指導の第一人者。著書『頭がいい人、悪い人の話し方』は250万部突破!

理科

宮内 舞子 先生 [物理]
丁寧で色彩豊かな板書と詳しい講義で生徒を惹きつける。

橋元 淳一郎 先生 [物理]  
「物理・橋元流解法の大原則」は、君の脳に衝撃を与える!

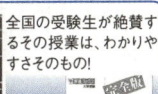

田部 眞哉 先生 [生物]
全国の受験生が絶賛するその授業は、わかりやすさそのもの!

地歴公民

金谷 俊一郎 先生 [日本史]
入試頻出事項に的を絞った「表解板書」は圧倒的な信頼を得る。

荒巻 豊志 先生 [世界史]  
"受験世界史に荒巻あり"といわれる超実力人気講師。

清水 雅博 先生 [公民]
ハンドブックは政経受験者の8割が愛用!

合格の秘訣 2 革新的な学習システム

東進には、第一志望合格に必要なすべての要素を満たし、抜群の合格実績を生み出す学習システムがあります。

映像による授業を駆使した最先端の勉強法
高速学習

一人ひとりのレベル・目標にぴったりの授業

東進はすべての授業を映像化しています。その数およそ1万種類。これらの授業を個別に受講できるので、一人ひとりのレベル・目標に合った学習が可能です。1.5倍速受講ができるほか自宅のパソコンからも受講できるので、今までにない効率的な学習が実現します。
（一部1.4倍速の授業もあります。）

現役合格者の声
東京大学 文科Ⅰ類
高木 友貴さん

東進では、自分の理解のスピードに合わせて授業を受けられます。復習しやすく効率的な勉強ができました。苦手科目も基礎から集中的に受講することで、短時間で基礎固めができます。

1年分の授業を最短2週間から1カ月で受講

従来の予備校は、毎週1回の授業。一方、東進の高速学習なら毎日受講することができます。だから、1年分の授業も最短2週間から1カ月程度で修了可能。先取り学習や苦手科目の克服、勉強と部活との両立も実現できます。

先取りカリキュラム（数学の例）

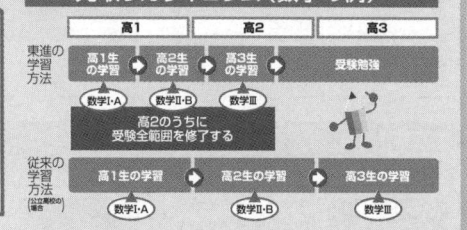

	高1	高2	高3
東進の学習方法	高1生の学習 →	高2生の学習 →	高3生の学習 → 受験勉強
	数学Ⅰ・A	数学Ⅱ・B	数学Ⅲ
		高2のうちに受験全範囲を修了する	
従来の学習方法 (公立高校の)	高1生の学習 →	高2生の学習 →	高3生の学習
	数学Ⅰ・A	数学Ⅱ・B	数学Ⅲ

目標まで一歩ずつ確実に
スモールステップ・パーフェクトマスター

自分にぴったりのレベルから学べる 習ったことを確実に身につける

高校入門から超東大までの12段階から自分に合ったレベルを選ぶことが可能です。「簡単すぎる」「難しすぎる」といった無駄がなく、志望校へ最短距離で進みます。
授業後すぐにテストを行い内容が身についたかを確認し、合格したら次の授業に進むので、わからない部分を残すことはありません。短期集中で徹底理解をくり返し、学力を高めます。

現役合格者の声
慶應義塾大学 理工学部
山口 晴也くん

毎回の授業後にある「確認テスト」によって、授業をただ受けて先へ進むのではなく、習ったところをきちんと復習できます。内容が本当に身についたかを確認するのに役立ちました。

パーフェクトマスターのしくみ

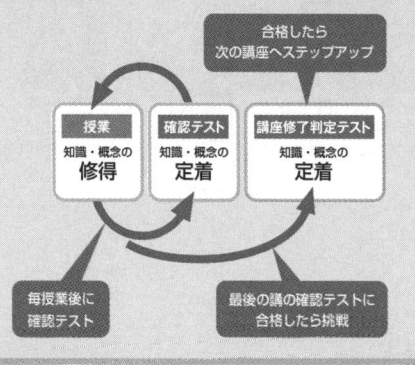

合格したら次の講座へステップアップ

授業（知識・概念の修得）→ 確認テスト（知識・概念の定着）→ 講座修了判定テスト（知識・概念の定着）

毎授業後に確認テスト
最後の講の確認テストに合格したら挑戦

個別説明会	全国の東進ハイスクール・東進衛星予備校の各校舎にて実施しています。

※お問い合わせ先は、付録9ページをご覧ください。

徹底的に学力の土台を固める
高速基礎マスター講座

　高速基礎マスター講座は「知識」と「トレーニング」の両面から、科学的かつ効率的に短期間で基礎学力を徹底的に身につけるための講座です。文法事項や重要事項を単元別・分野別にひとつずつ完成させていくことができます。インターネットを介してオンラインで利用できるため、校舎だけでなく、自宅のパソコンやスマートフォンアプリで学習することも可能です。

東進公式スマートフォンアプリ
■東進式マスター登場！
（英単語／英熟語／英文法／基本例文）

スマートフォンアプリですき間時間も徹底活用！

1）スモールステップ・パーフェクトマスター！
頻出度（重要度）の高い英単語から始め、1つのSTEP（計100語）を完全修得すると次のSTAGEに進めるようになります。

2）自分の英単語力が一目でわかる！
トップ画面に「修得語数・修得率」をメーター表示。自分が今何語修得しているのか、どこを優先的に学習すべきなのか一目でわかります。

3）「覚えていない単語」だけを集中攻略できる！
未修得の単語、または「My単語（自分でチェック登録した単語）」だけをテストする出題設定が可能です。
すでに覚えている単語を何度も学習するような無駄を省き、効率良く単語力を高めることができます。

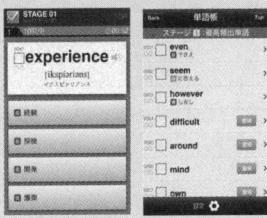

「新・英単語センター1800」

現役合格者の声

早稲田大学 国際教養学部
小原 匡人くん

　「高速基礎マスター講座」を活用して、早期に基礎を定着させました。特に英語は語彙力や文法力で得点が大きく左右されます。基礎的な単語を網羅できると、知らない単語の推測も楽になりました。

君を熱誠指導でリードする
担任指導

志望校合格のために
君の力を最大限に引き出す

　定期的な面談を通じた「熱誠指導」で、生徒一人ひとりのモチベーションを高め、維持するとともに志望校合格までリードする存在、それが東進の「担任」です。

現役合格者の声

明治大学 理工学部
宮城 真純さん

　担任の先生は志望校に合った勉強法を教えてくださいました。成績が伸びない時は励まし、計画通り受講できると褒めてくれたので、うまく気持ちを切り替えることができました。

合格の秘訣 3 東進ドットコム

ここでしか見られない受験と教育の情報が満載！
大学受験のポータルサイト

www.toshin.com

東進ブックスのインターネット書店

東進WEB書店

ベストセラー参考書から
夢ふくらむ人生の参考書まで

　学習参考書から語学・一般書までベストセラー＆ロングセラーの書籍情報がもりだくさん！あなたの「学び」をバックアップするインターネット書店です。検索機能もグンと充実。さらに、一部書籍では立ち読みも可能。探し求める1冊に、きっと出会えます。

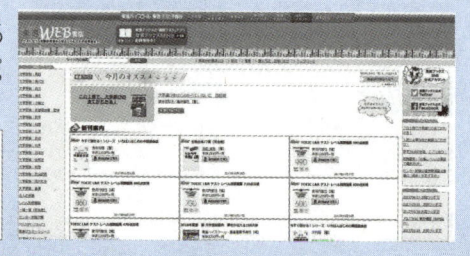

スマートフォン版も充実！

スマートフォンからもご覧いただけます

東進ドットコムはスマートフォンから簡単アクセス！

最新の入試に対応!!

大学案内

偏差値でも検索できる。検索機能充実！

　東進ドットコムの「大学案内」では最新の入試に対応した情報を様々な角度から検索できます。学生の声、入試問題分析、大学校歌など、他では見られない情報が満載！登録は無料です。
　また、東進ブックスの『新大学受験案内』では、厳選した185大学を詳しく解説。大学案内とあわせて活用してください。

難易度ランキング　　50音検索

185大学・最大20年分超の過去問を無料で閲覧

大学入試過去問データベース

君が目指す大学の過去問をすばやく検索、じっくり研究！

　東進ドットコムの「大学入試問題 過去問データベース」は、志望校の過去問をすばやく検索し、じっくり研究することが可能。185大学の過去問をダウンロードすることができます。センター試験の過去問も最大20年分超掲載しています。登録・利用は無料です。志望校対策の「最強の教材」である過去問をフル活用することができます。

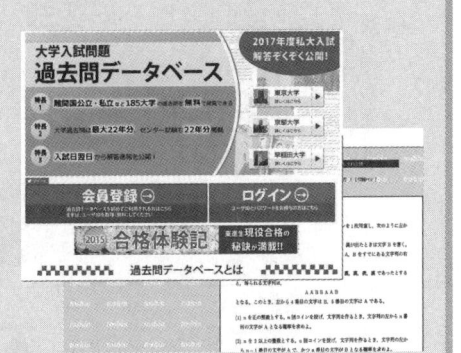

東進OBOGが高校生に送る珠玉の金言

先輩からのメッセージsite

東進 OB・OG が生の大学情報をリアルタイムに提供！

　東進から難関大学に合格した先輩が、ブログ形式で大学の情報を提供します。学生の目線で伝えられる大学情報が次々とアップデートされていきます。受験を終えたからこそわかるアドバイスも！受験勉強のモチベーションUPに役立つこと間違いなしです。

付録 6

合格の秘訣 4

東進模試

申込受付中
※お問い合わせ先は付録9ページをご覧ください。

学力を伸ばす模試

「自分の学力を知ること」が受験勉強の第一歩

「絶対評価」×「相対評価」のハイブリッド分析
志望校合格までの距離に加え、「受験者集団における順位」および「志望校合否判定」を知ることができます。

入試の『本番レベル』
「合格までにあと何点必要か」がわかる。早期に本番レベルを知ることができます。

最短7日のスピード返却
成績表を、最短で実施7日後に返却。次の目標に向けた復習はバッチリです。

合格指導解説授業
模試受験後に合格指導解説授業を実施。重要ポイントが手に取るようにわかります。

- 模試受験中に学力を伸ばす！
- 合格までの距離を知り、計画を立てる！
- 学習効果を検証、勉強法を改善する！

☝ **全国統一高校生テスト**　高3生 高2生 高1生　年1回

☝ **全国統一中学生テスト**　中3生 中2生 中1生　年1回

東進模試 ラインアップ　2017年度

模試名	対象	回数
センター試験本番レベル模試	受験生 高2生 高1生 ※高1は難関大志望者	年5回
高校レベル模試	高2生 高1生 ※第1・3回…マーク、第2・4回…記述	年4回
東大本番レベル模試	受験生	年4回
京大本番レベル模試	受験生	年3回
北大本番レベル模試	受験生	年2回
東北大本番レベル模試	受験生	年2回
名大本番レベル模試	受験生	年2回
阪大本番レベル模試	受験生	年2回
九大本番レベル模試	受験生	年2回
難関大本番レベル記述模試	受験生	年5回
有名大本番レベル記述模試	受験生	年5回
大学合格基礎力判定テスト	受験生 高2生 高1生	年4回
センター試験同日体験受験	高2生 高1生	年1回
東大入試同日体験受験	高2生 高1生 ※高1は意欲ある東大志望者	年1回

※センター試験本番レベル模試とのドッキング判定

※最終回がセンター試験後の受験となる模試は、センター試験自己採点とのドッキング判定となります。

東進で勉強したいが、近くに校舎がない君は…

東進ハイスクール 在宅受講コースへ

「遠くて東進の校舎に通えない……」。そんな君も大丈夫！在宅受講コースなら自宅のパソコンを使って勉強できます。ご希望の方には、在宅受講コースのパンフレットをお送りいたします。お電話にてご連絡ください。学習・進路相談も随時可能です。

0120-531-104

2017年も難関大・有名大 ゾクゾク現役合格
日本一※の東大現役合格実績

現役のみ！講習生含まず！

※2016年東大現役合格実績をホームページ・パンフレット・チラシ等で公表している予備校の中で最大。東進本部調べ。

東大現役合格者の2.8人に1人が東進生

東進生現役占有率 753/2,076 = 36.2%

東大現役合格者 753名（昨対 +11名）

- 文Ⅰ……111名
- 文Ⅱ……118名
- 文Ⅲ……100名
- 推薦……17名
- 理Ⅰ……255名
- 理Ⅱ……100名
- 理Ⅲ……52名

今年の東大合格者は現浪合わせて3,083名。そのうち、現役合格者は2,076名。東進の現役合格者は753名ですので、東大現役合格者における東進生の占有率は36.2%となります。現役合格者の2.8人に1人が東進生です。合格者の皆さん、おめでとうございます。

現役合格 旧七帝大+3　3,243名（昨対+225名）

- 東京大 753名
- 京都大 370名
- 北海道大 295名
- 東北大 266名
- 名古屋大 277名
- 大阪大 507名
- 九州大 383名
- 東京工業大 159名
- 一橋大 183名
- 東京医科歯科大 50名

現役合格 早慶上　6,263名（昨対+12名）

- 早稲田大 3,165名
- 慶應義塾大 1,882名
- 上智大 1,216名

現役合格 明青立法中　13,264名

- 明治大 4,137名
- 青山学院大 1,494名
- 立教大 2,045名
- 法政大 3,283名
- 中央大 2,305名

現役合格 関関同立　10,701名

- 関西学院大 2,037名
- 関西大 2,508名
- 同志社大 2,462名
- 立命館大 3,694名

現役合格 日東駒専　7,878名

- 日本大 3,550名
- 東洋大 2,351名
- 駒澤大 984名
- 専修大 993名

現役合格 産近甲龍　4,633名

- 京都産業大 603名
- 近畿大 2,615名
- 甲南大 578名
- 龍谷大 837名

現役合格 私立医・医（防衛医科大学校を含む）　465名

- 慶應義塾大 47名
- 順天堂大 49名
- 昭和大 24名
- 東邦大 24名
- 東京慈恵会医科大 23名
- 防衛医科大学校 47名
- その他私立医・医 251名

現役合格 国公立医・医　734名（昨対+138名）

- 東京大 53名
- 京都大 28名
- 北海道大 8名
- 東北大 21名
- 名古屋大 22名
- 大阪大 14名
- 九州大 23名
- 佐賀大 24名
- 三重大 22名
- 東京医科歯科大 21名
- 広島大 21名
- 徳島大 20名
- 岐阜大 19名
- 愛媛大 19名
- 長崎大 18名
- 旭川医科大 17名
- 弘前大 17名
- 山形大 17名
- 山梨大 17名
- 筑波大 16名
- 横浜市立大 16名
- 熊本大 16名
- 秋田大 14名
- 千葉大 14名
- 大阪市立大 14名
- 山口大 14名
- 札幌医科大 13名
- 金沢大 13名
- 岡山大 13名
- 新潟大 12名
- 大分大 12名
- 神戸大 11名
- その他国公立医・医 155名

現役合格 国公立大　14,354名（昨対+592名）

- 東京大 753名
- 大阪大 507名
- 神戸大 450名
- 九州大 383名
- 京都大 370名
- 千葉大 355名
- 横浜国立大 313名
- 広島大 311名
- 北海道大 295名
- 名古屋大 277名
- 筑波大 273名
- 岡山大 273名
- 東北大 266名
- 大阪市立大 261名
- 山口大 259名
- 首都大学東京 254名
- 三重大 247名
- 兵庫県立大 226名
- 愛媛大 226名
- 新潟大 210名
- 熊本大 206名
- 静岡大 186名
- 信州大 184名
- 一橋大 183名
- 大阪府立大 183名
- 金沢大 176名
- 長崎大 173名
- 徳島大 170名
- 東京工業大 159名
- 富山大 153名
- 茨城大 151名
- 鹿児島大 151名
- 埼玉大 148名
- 岐阜大 142名
- 筑波大 141名
- 横浜市立大 137名
- 名古屋工業大 136名
- 九州工業大 133名
- 山形大 130名
- 名古屋市立大 127名
- 東京外国語大 123名
- 東京学芸大 116名
- 愛知教育大 116名
- 大阪教育大 116名
- 佐賀大 113名
- 北九州市立大 112名
- 鳥取大 97名
- 香川大 97名
- 高崎経済大 94名
- 弘前大 92名
- 東京農工大 92名
- 滋賀大 91名
- 大分大 91名
- 北海道教育大 90名
- 福井大 89名
- 宮崎大 87名
- 群馬大 85名
- 神戸市外国語大 82名
- 高知大 79名
- 島根大 77名
- 愛知県立大 74名
- 和歌山大 74名
- 宇都宮大 73名
- 電気通信大 71名
- 県立広島大 70名
- 滋賀県立大 68名
- 山梨大 67名
- 京都工芸繊維大 66名
- 下関市立大 65名
- 岩手大 58名
- 秋田大 55名
- 静岡県立大 54名
- お茶の水女子大 53名
- 都留文科大 53名
- 奈良女子大 51名
- 国際教養大 50名
- 東京医科歯科大 50名
- 広島市立大 50名
- 熊本県立大 50名
- 福島大 48名
- 小樽商科大 47名
- 福岡教育大 47名
- 長崎県立大 39名
- 奈良教育大 36名
- 京都府立大 35名
- 札幌医科大 28名
- 岡山県立大 27名
- 福岡女子大 26名
- 旭川医科大 25名
- 会津大 22名
- 滋賀医科大 21名
- 奈良県立医科大 21名
- 福井県立大 20名
- 帯広畜産大 19名
- 福島県立医科大 19名
- 上越教育大 19名
- 会津大 17名
- 浜松医科大 17名
- 東京藝術大 14名
- 京都府立医科大 14名
- 岩手県立大 10名
- 和歌山県立医科大 8名
- その他国公立大 1,008名

※東進本部調べ

ウェブサイトでもっと詳しく　東進　検索

2017年3月31日締切

付録 8

各大学の合格実績は、東進ネットワーク（東進ハイスクール、東進衛星予備校、東進東大特進コース、早稲田塾）の現役生のみ、高3時在籍者のみの合同実績です。

東進へのお問い合わせ・資料請求は
東進ドットコム www.toshin.com
もしくは下記のフリーコールへ！

東進ハイスクール
ハッキリ言って合格実績が自慢です！ 大学受験なら、

0120-104-555 （トーシン・ゴーゴーゴー）

●東京都

[中央地区]
- 市ヶ谷校　0120-104-205
- 新宿エルタワー校　0120-104-121
- ★新宿校大学受験本科　0120-104-020
- 高田馬場校　0120-104-770
- 人形町校　0120-104-075

[城北地区]
- 赤羽校　0120-104-293
- 本郷三丁目校　0120-104-068
- 茗荷谷校　0120-738-104

[城東地区]
- 綾瀬校　0120-104-762
- 金町校　0120-452-104
- ★北千住校　0120-693-104
- 錦糸町校　0120-104-249
- 豊洲校　0120-104-282
- 西新井校　0120-266-104
- 西葛西校　0120-289-104
- 船堀校　0120-104-201
- 門前仲町校　0120-104-016

[城西地区]
- 池袋校　0120-104-062
- 大泉学園校　0120-104-862
- 荻窪校　0120-687-104
- 高円寺校　0120-104-627
- 石神井校　0120-104-159
- 巣鴨校　0120-104-780

- 成増校　0120-028-104
- 練馬校　0120-104-643

[城南地区]
- 大井町校　0120-575-104
- 蒲田校　0120-265-104
- 五反田校　0120-672-104
- 三軒茶屋校　0120-104-739
- 渋谷駅西口校　0120-389-104
- 下北沢校　0120-104-672
- 自由が丘校　0120-964-104
- 成城学園前駅北口校　0120-104-616
- 千歳烏山校　0120-104-331
- 千歳船橋校　0120-104-825
- 都立大学駅前校　0120-275-104

[東京都下]
- 吉祥寺校　0120-104-775
- 国立校　0120-104-599
- 国分寺校　0120-622-104
- 立川駅北口校　0120-104-662
- 田無校　0120-104-272
- 調布校　0120-104-305
- 八王子校　0120-896-104
- 東久留米校　0120-565-104
- 府中校　0120-104-676
- ★町田校　0120-104-507
- 武蔵小金井校　0120-480-104
- 武蔵境校　0120-104-769

●神奈川県
- 青葉台校　0120-104-947

- 厚木校　0120-104-716
- 川崎校　0120-226-104
- 湘南台東口校　0120-104-706
- 新百合ヶ丘校　0120-104-182
- センター南駅前校　0120-104-722
- たまプラーザ校　0120-104-445
- 鶴見校　0120-876-104
- 平塚校　0120-104-742
- 藤沢校　0120-104-549
- 向ヶ丘遊園校　0120-104-757
- 武蔵小杉校　0120-165-104
- ★横浜校　0120-104-473

●埼玉県
- 浦和校　0120-104-561
- 大宮校　0120-104-858
- 春日部校　0120-104-508
- 川口校　0120-917-104
- 川越校　0120-104-538
- 小手指校　0120-104-759
- 志木校　0120-104-202
- せんげん台校　0120-104-388
- 草加校　0120-104-690
- 所沢校　0120-104-594
- ★南浦和校　0120-104-573
- 与野校　0120-104-755

●千葉県
- 我孫子校　0120-104-253
- 市川駅前校　0120-104-381
- 稲毛海岸校　0120-104-575

- 海浜幕張校　0120-104-926
- ★柏校　0120-104-353
- 北習志野校　0120-344-104
- 新浦安校　0120-556-104
- 新松戸校　0120-104-354
- ★千葉校　0120-104-564
- ★津田沼校　0120-104-724
- 土気校　0120-104-584
- 成田駅前校　0120-104-346
- 船橋校　0120-104-514
- 松戸校　0120-104-257
- 南柏校　0120-104-439
- 八千代台校　0120-104-863

●茨城県
- つくば校　0120-403-104
- 土浦校　0120-059-104
- 取手校　0120-104-328

●静岡県
- ★静岡校　0120-104-585

●長野県
- ★長野校　0120-104-586

●奈良県
- JR奈良駅前校　0120-104-746
- ★奈良校　0120-104-597

★は高卒本科(高卒生)設置校
※は高卒生専用校舎
※変更の可能性があります。
最新情報はウェブサイトで確認できます。

東進衛星予備校
全国975校、10万人の高校生が通う、

0120-104-531 （トーシン・ゴーサイン）

東進ドットコムでお近くの校舎を検索！

資料請求もできます

「東進衛星予備校」の「校舎案内」をクリック 　→　エリア・都道府県を選択 　→　校舎一覧が確認できます

東進ハイスクール 在宅受講コース
近くに東進の校舎がない高校生のための

0120-531-104 （ゴーサイン・トーシン）

※2017年7月末現在